# 大理白族本主崇拜及其本主庙装饰艺术

饶峻姝　杨荣彬　著

中央民族大学出版社
China Minzu University Press

## 图书在版编目（CIP）数据

大理白族本主崇拜及其本主庙装饰艺术 / 饶峻姝，杨荣彬著. — 北京：中央民族大学出版社，2019.2
ISBN 978-7-5660-1565-5

Ⅰ.①大… Ⅱ.①饶…②杨… Ⅲ.①白族—宗教文化—研究—大理白族自治州 Ⅳ.① B933 ② K285.2

中国版本图书馆 CIP 数据核字 (2018) 第 278087 号

## 大理白族本主崇拜及其本主庙装饰艺术

| 著　　者 | 饶峻姝　杨荣彬 |
|---|---|
| 责任编辑 | 李苏幸 |
| 封面设计 | 左道文化 |
| 出 版 者 | 中央民族大学出版社 |
| | 北京市海淀区中关村南大街 27 号　邮编：100081 |
| | 电话：68472815（发行部）　传真：68932751（发行部） |
| | 　　　68932218（总编室）　　　68932447（办公室） |
| 发 行 者 | 全国各地新华书店 |
| 印 刷 厂 | 天津顾彩印刷有限公司 |
| 开　　本 | 880×1230（毫米）　1/32　印张：8.5 |
| 字　　数 | 210 千字 |
| 版　　次 | 2019 年 2 月第 1 版　2019 年 2 月第 1 次印刷 |
| 书　　号 | ISBN 978-7-5660-1565-5 |
| 定　　价 | 68.00 元 |

**版权所有　翻印必究**

# 目录

**001 第一章　大理白族本主崇拜**

002　　　第一节　大理白族概况
005　　　第二节　本主崇拜的特征
017　　　第三节　本主崇拜的仪式
024　　　第四节　本主神系

**034 第二章　本主庙的历史沿革、选址朝向和布局结构**

035　　　第一节　本主庙的历史沿革
041　　　第二节　本主庙的选址朝向
051　　　第三节　本主庙的布局结构

**061 第三章　大理白族本主庙的装饰部位**

063　　　第一节　门楼与戏台
076　　　第二节　照壁与山墙
087　　　第三节　正殿与偏殿

## 107　第四章　神祇造像

- 108　第一节　神像的形式特征
- 113　第二节　本主神像
- 129　第三节　女神形象
- 143　第四节　大黑天神、龙王和财神像
- 158　第五节　其他附属神像

## 173　第五章　大理白族本主庙的装饰技法

- 174　第一节　雕　塑
- 184　第二节　绘　画
- 191　第三节　文字装饰

## 197　第六章　典型案例分析

- 198　第一节　白王宫苑
- 212　第二节　沙漠庙
- 219　第三节　红山景帝祠
- 231　第四节　白洁圣妃庙

# 第一章　大理白族本主崇拜

大理是白族的祖居地和主要聚居地，其中约有 80% 的白族聚居于此。主要分布在大理洱海流域及剑川、洱源、鹤庆等县。本书所谓的"大理白族"主要是指大理白族自治州境内聚居的镇、甸、村、社、邑等地方行政区域的白族乡民。

从本质上说，本主崇拜是一种具有农耕文化特征的以村社水系为纽带的民间宗教文化，其核心是祈雨水，求丰收，求生殖。它是与农耕经济和宗法血缘关系相适应的，以祖先崇拜为特征的一种伦理化宗教或宗法性宗教。它没有超越现实，向彼岸世界拓展，而在自然主义、功利主义和实用主义的层面上徘徊，人们向往得到祖先和神灵的庇佑，内心缺乏对终极意义的追问，从而未能发展为超自然世界主宰者的宗教。它植根于白族乡土社会，具有鲜明的民族特色和宗教特征，同时也存在着较浓厚的原始宗教色彩和浓郁的地方特色。是白族群众中最集中、最广泛、最具影响力的宗教信仰。

本主庙的建造历史悠久，传承演变复杂。有白族村落就有本主信仰，就要立庙供奉。据历史典籍和现存本主庙内的碑刻铭文记载，最早的本主庙可追溯到南诏时期，如苍山神祠、洱海神祠、沙漠庙、大理市上关镇石岩本主庙等，这与本主信仰的诞生是同步的。多数情况是先立神后建庙，即先树立本主神再根据村落情况选址建盖本主庙。也有的是先有庙后换神。即把原有的佛道神像换为村民崇奉的本主神，原来的佛道祠、庙、宫、观自然转化为本主庙。通常是一村一座、一村数座或数村一座，据最近的一次联合调查，白族村落中现存本主庙 1723 座。[①] 其中大部分分布在大理白族自治州环洱海地区，这里一直是白族生息繁衍的核心区域。

## 第一节　大理白族概况

白族（白文：BEF CUF，英文：Bai ethnic group）是我国西南边疆一个具有悠久历史和灿烂文化的少数民族。自称"白子""白尼""白伙"，汉语意为"白人"。他称"民家""那马""勒墨"等。据文献记载，白族与先秦时期的氐羌有渊源，两汉史籍称作"僰""滇僰""昆明（弥）"；三国两晋时称作"叟""爨"；唐宋时称"白蛮""河蛮""下方夷"；元明时称为"僰人""白人"；明清以后称"民家"等。中华人民共和国成立后，根据民族意愿，统称白族。根据 2010 年第六次全国人口普查统计，白族人口为 1,999,510 人。白族主要分布在云南省大理白族自治州，以及丽江、碧江、保山、南华、元江、昆明、安宁、兰坪等地，贵州毕节、四川凉山、湖南桑植等地亦有分布。白族现有民家、勒墨、那马三大支系。聚居于洱海区域、贵州、湖南等地的为民家人，受汉文化影响较深；勒墨、那马则散居于怒江流域兰坪、维西、福贡等县，经济文化发展水平与邻近的怒族、傈僳族相近。

大理白族自治州地处云南省中部偏西，地跨东经 98°52′—101°03′，北纬 24°41′—26°42′ 之间。东邻楚雄州，南靠临沧市、普洱市，西与保山市、怒江傈僳族自

---

① 杨恒灿. 白族本主. 昆明：云南科技出版社，2010 年，第 393 页.

治州相连，北接丽江市。自治州总面积29,459平方千米，山区面积占总面积的93.4%。州内盆地众多，面积在1.5平方千米以上的盆地有18个，总计面积1871.49平方千米，占全州总面积的6.6%。东西最大横距320多千米，南北最大纵距270多千米。

以"玉洱银苍"为中心的大理白族地区，地处云贵高原与横断山脉接合部位，地势西北高，东南低。地形地貌复杂多样，海拔高差悬殊，平均海拔1200—2300米。西部山高谷深，其东、南、西部分别矗立着玉案山、哀牢山、点苍山。点苍山以西为高山峡谷区，点苍山以东、祥云县以西为中山陡坡地形。境内的山脉主要属云岭山脉及怒山山脉，点苍山位于洱海及漾濞江之间，如拱似屏，巍峨挺拔。东部地势较为平缓，风景秀丽。气候的垂直差异显著，气温随海拔高度增高而降低，雨量随海拔增高而增多。河谷热，坝区暖，山区凉，高山寒，立体气候明显。

大理境内主要河流属金沙江、澜沧江、怒江、红河（元江）四大水系，大小共计160多条，金沙江、澜沧江和怒江三大河流纵贯全州，并有红河发源于州内流向越南。境内分布有洱海、天池、茈碧湖、西湖、东湖、剑湖、海西海等湖泊。洱海位于大理苍山以东，是云南省第二大内陆淡水湖泊，素有"高原明珠"之称。

大理地区是云南最早的文明发祥地之一。考古发掘的证据表明，4000年前生活在泛洱海地带的"洱滨人"即是白族的先民。白族在泛洱海地带发展壮大，伴随南诏大理的崛起，成为西南的主导民族。在历史长河中，由于征战、拓土、商贸、屯垦、驻边等历史原因，融合进了氐羌、楚蜀、南北方汉族和"三十七蛮部"中的一些兄弟民族，历经两千多年的融合演进，最终形成现代白族。如贵州的白族就是早期的"僰人"融合南诏大理时期迁徙而来的白族以及元代"寸白军"形成的。湖南、湖北的白族则是元代"寸白军"的后裔。而且考古文化堆积层没有出现突然更替的现象，这说明这里的族群没有发生明显的本质上的替换和改变。

西汉元封年间（公元前110—公元前105年），汉王朝在大理地区设置了叶榆、云南、邪龙、比苏4县，属益州郡管辖，从此大理地区正式纳入了中央王朝版图。东汉时期，大理地区属永昌郡，蜀汉时分属永昌、云南2郡，晋朝时分属宁州的永昌、云南2郡，隋代属昆州。

唐武德四年（621年），唐王朝在洱海地区置有"八州十七县"。公元8世纪，洱海地区"六诏"中的南诏在唐王朝的支持下，吞并其他五诏，统一了洱海地区，建立了南诏地方政权。唐昭宗天复二年（902年），南诏权臣郑买嗣发动宫廷政变，建立"大长和国"，南诏亡。之后又出现了"大天兴国""大义宁国"两个短暂的政权。后晋天福二年（937年），通海节度段思平联合滇东三十七部，进军大理，推翻了大义宁国，建立了大理国。

南宋宝祐元年（1253年），元世祖忽必烈率大军灭大理国，建立云南行省。与此同时，云南政治中心东移昆明，并在大理地区设立上下二万户府。至元十一年（1274年），改设路、府、州、县，大理地区分属大理路、鹤庆路、威楚路和云龙甸军民府。明代，大理地区分属大理府、鹤庆府、蒙化府、永昌府、楚雄府。清代，大理地区分属大理府、丽江府、永昌府和蒙化直隶厅。1913年，大理地区属滇西道。1929年，国民政府实行省、县两级制，大理地区设祥云、弥渡、宾川、凤仪、蒙化、大理、永平、云龙、漾濞、邓川、洱源、剑川、鹤庆 13 县。1950 年 2 月 1 日，大理专员公署建立，辖下关、大理、凤仪、邓川、宾川、祥云、弥渡、蒙化、云县、缅宁、顺宁（凤庆）、永平、漾濞、云龙、洱源 15 县市。1956 年 11 月 22 日，大理白族自治州成立，自治州州府设在下关。

图 1-1　神都"绕三灵"
（图片资料来源 http://pic.sogou.com/d）

　　大理白族自治州是全国唯一的白族自治州，具有悠久的历史，灿烂的文化，素有"文献名邦"之称。大理白族因其特殊的地域环境和历史经济等因素而呈现出独特的文化风貌。它以其特有的兼容性和开放性独树一帜，是民族文化融合发展的结晶。在多种民族文化的相互影响下，逐渐形成了"大气明理、崇尚礼仪、诚信进取、德化和谐"的大理精神。

## 第二节　本主崇拜的特征

　　本主即村社的守卫神，是区域利益的守护神，从本主祭祀仪式中的社祭遗风来看，本主崇拜与原始社会的社神崇拜有着明显的继承关系。其特点在于敬天、敬地、敬人。敬天的缘由是祈求风调雨顺、五谷丰登；敬地是农业社会对赖以生存的土地的崇敬和对人与自然和谐关系的追求；敬人则是加强人际关系的交往与交流，实现人与人之间的相互尊重与关爱。"从不同程度保存下来并一直延续到近现代本主庙会活动中的祈雨、求丰收、求生殖的内容来看，本主崇拜与古代本主先民的农耕祭祀有着直接的渊源关系。"[①] 本主崇拜是一种非官方、非宗教、非制度化的俗神信仰形态，代表了生活在社会底层的白族民众的社会利益和精神追求，具有世俗功利性、堆垒复合性、民族民间性、娱乐休闲性等特征。

### 1. 世俗功利性

本主崇拜其实是以本主为中心的多神崇拜。任何本主庙都以本主为主要崇拜对象，其他配神为次要崇拜对象。各种配神有其独有的宗教功能，如子孙娘娘送子嗣，财神管发财致富，山神土地司万物生长，龙王司雨，五谷神王管粮食收成，六畜神王管六畜成长，六部判官管人间善恶，痘神司出水痘等疾病，十殿十王管人死后的归宿……他们是对本主神力的有效补充，体现了白族对崇拜对象世俗需求的功利目的。在信众心目中，信奉何种神灵、何种教义并不重要，各路神灵的出身、来历、等级也不重要，重要的是信仰能否满足他们的"世俗需求"。信众对神的选择以实用、灵验为标准，有用则近，无用则疏，有灵则祭，不灵则弃。"信则灵与灵则信"成为支配人们参与信仰活动的关键法则。信众追求的不是神圣的情感体验和精神的高尚升华，而是执着于物质生活的改善、满足和精神的慰藉、愉悦，追求现世幸福和解救当下急难，它贯穿着一条"神为人用"的思想主线，其神祇都是人为塑造、被人利用、为人服务的偶像，一切崇拜都以实用为目的。因而信仰在很大程度上沦为世俗生活的工具，表现出正式宗教所不具有或极少具有的浓郁的人文色彩，世俗功利性是其最显著的特征。

---

① 董建中. 白族本主崇拜——银苍玉洱间的神奇信仰[M]. 成都：四川文艺出版社，2007年修订版，第45页.

本主崇拜不像世界三大宗教那样追寻彼岸世界，寻求"来世"的幸福，而是为了"寿连绵，世清闲，兴文教，保丰收，本乐业，身安然，龄增寿，泽添延，冰雹息，水周旋，家清吉，户安康"①。本主神是村社的象征，是福禄寿喜的赐予者，是与每一个乡民都有着某种亲缘关系的神秘力量。本主保佑乡民"春天多吉庆，夏日保康宁，秋来三灾免，冬至迎百福"，保佑"为士者程高万里，为农者粟积千钟，为工者巧著百般，为商者交通四海"。大理喜洲庆洞村神都本主庙神疏曰："神灵特垂盼享伏愿灵威护佑：家吉人安、工作顺利、出入亨通、消灾免难、赐福延生、赦除罪想、生意兴隆、财源茂盛、乘车行船、安全顺利、国泰民安、风调雨顺、五谷丰登、六畜兴旺、万事如意、清吉平安，谨具疏文百上奏。"他们遇生病、丧葬、结婚、生子、灾害都愿到本主庙中参拜神灵，祈祷本主。他们往往采用献祭、礼拜、祈祷、颂赞和尊崇去感动本主神祇，对本主神施行软求利诱，以此获得本主的同情与帮助。

　　人们请神、娱神、酬神的目的性、功利性极强。拜神必有所求，而其根本用意不外乎求吉避凶、祈福禳灾。民众由实用理性而来的功利主义信仰动机，使人神关系成为人际关系的演绎，互依互惠是此关系的准则。人向神表达某种愿望和许诺，神帮助人实现愿望后获得报酬。如剑川县马登的本主是"雪斑景帝"和"黑煞景帝"。马登地处高寒山区，每年雨雪来得比较早，如果马登西边的雪斑山积雪太早，则整个马登坝子的农作物都要减产或歉收，为了祈求大自然的庇护，人们就塑造一个山神来帮助人们驱除雨雪，保佑丰收。过去马登很少种植水稻，小麦是人们的主要粮食作物，小麦

---

① 杨志明. 白族本主崇拜的功能初探[J]. 云南民族学院学报，2000年9月，第35页.

黑穗病严重威胁着收成，人们塑造了一个"黑煞景帝"来保佑小麦免遭黑穗病的袭击。

本主神类别众多，来源不一，但多以道德高尚、有功于国、有德于民的人物为主。即使是属于自然崇拜的本主，或是来源于佛教、道教的本主，在民间传说中也多有为人民做过好事、保佑过人们的事迹。壁虎本主能为人们巡田、灭虫、保护庄稼，使人民获得丰收；海神姑娘教人们捕鱼、修水利、使人民丰衣足食；玄德圣母助产妇顺利生育，杨学俭本主惩治不法官吏，保护人民利益；王皮匠本主乐善好施，救济贫穷；沙漠大王为民治病等等。这些传说故事中的本主都是护国救民、惩恶扬善的典范，而且都像人一样有着家庭、婚恋以及各自的经历和嗜好。在白族人心目中，本主既有神的超人智慧和力量，也有人的私欲和情感。白族人对本主的崇拜和祭祀也并非祈求来世的福祉，而在于今生的幸福和吉祥，相信本主能够保佑人们逢凶化吉，实现美好的愿望。在祭祀本主的活动中，各地都流行着诸多幽默风趣的特别习俗。如鹤庆县松桂镇宝窝村的龙嫂、龙姑两位本主，传说她们本是两位农妇，因懂得对付干旱而促使小春生长的秘咒，为村民解除了春旱缺水之忧。于是当地本主会期还要举行一项"本主踩田"活动，即将本主用轿子抬到田边，然后用彩绸拴住本主木雕神像，满田满坝拖行，以此来祝愿五谷丰登。

在祭拜本主时念诵的祈祷词被称为《本主经》，它有一个基本的模式，大同小异。如求子时念："恳请×××本主，龙凤相配，果树结籽，赐我多子多孙，福满门庭。"求六畜兴旺时念："六畜大王请开恩，家畜养发旺，鸡鸭养成群，牛羊养满圈。母马产马驹，母牛产牛犊，六畜大发展，靠本主保佑。"迎送本主时念："一条青龙东海来，为迎本主耍一台，自从今天庆贺后，阖村得安然。"甚至连本主的废立也完全符合《礼记·祭法》中说的"夫圣王之制祭祀也，法施于民则祀之，以死勤事则祀之，以劳定国则祀之，能御大灾则祀之，能捍大患则祀之"的尺度。如果崇信者对现有本主不满，如久旱无雨，连祷无应，树立长久而无功德者，就要"换本主"。其崇拜从某一神祇转向另一个据说是更为灵验的神祇。如果邻村或附近村寨的哪位本主"法力无边""灵应不爽"，就把它"偷"过来，立为本村本主，把原有的本主替换掉。由这种"以功封神"的功利主义的宗教信仰可以看出，本主崇拜的方式是"无事不登三宝殿""临时抱佛脚"；信仰的目的便是有求必应、心想事成。一切崇拜都是以实用为出发点，并以实用为最终归属，在白族本主崇拜这具宗教信仰的"躯体"内所充塞和流溢的，其实是白族人的世俗享乐。

**2. 堆垒复合性**

在大理白族地区，有的一村一本主；有的一村数本主；有的数村一本主；有的一县一本主，不一而足。这些本主神来历各异，有的已经超出了行政区划甚至民族的界限。其底层是原始社会的土地神或社神崇拜，又在社神的基础上不断堆垒复合而形成。他们之中有"自然神本主""龙本主""英雄人物本主""帝王将相本主"等等，互不相属、纷然无序，可谓"三教同源，万法归宗"。它自创了一批本主神，如段宗牓、段赤诚、白洁夫人、张乐进求、杜朝选、王乐宽、蓝钟林、蓝钟秀兄弟、孟获三兄弟、李宓、金宵等等，又从佛教、道教中网罗了大批神灵加以筛选、淘汰、改造，使其本主化，成为乡民们普遍认可的本主神，如观音老母、观音老爷、大黑天神、金童玉女、文武判官、董法官、杜光庭、财神等等。到了现代，本主神祇更是包罗万象，新旧杂陈，神、仙、鬼、魅、精、灵应有尽有，只要能够赐福于我、为我所用者皆可享受献祭。据有关资料统计，1949年中华人民共和国成立初期，大理地区本主神只有62位，而至今已有500多位。费茨杰罗德认为，白族人"不因为信仰相悖而苦恼。他们不像西方人那么渴求宗教的确定性及权威性。民家人否定宗教教义的排他性"①。本主崇拜在其形成和发展过程中，深受巫、儒、佛、道各家文化影响。在结构功能方面，堆垒复合性是其最显著的特征。

本主崇拜首先是对白族传统的巫教文化的继承和发展。巫教继承了原始宗教的自然崇拜、图腾崇拜和祖先崇拜，尤其信仰原始宗教万物有灵的鬼神崇拜，巫教本身也是原始宗教的一种信仰。巫师除了跳神祭鬼，主持重大盟誓外，也是白族祭祀本主活动中的重要角色，旧时本主庙会与重大祭祀活动通常由巫师主持、带领或扮演主要角色，巫师既能代替本主向群众传达旨意，又能代替群众回答本主的问话，是神、人之间的联系中介。

白族人历来崇文重教，崇德敬祖，深受儒家文化影响。儒家的忠孝节义、勤政为民、德政思想在白族中影响深远，许多具有忠孝节义品德、有恩德于民的人物被奉为本主神，受到白族人民的崇拜。洱源县凤羽本主李文斌、李文景、李时中三兄弟，以及"爱民景帝"张保君都是因孝行而受祀的典范。本主神所书写的忠孝节义、积德行善等道德故事，既是对本主的爱国爱乡、忠孝节义、英勇仁慈、忠于爱情、舍己为人等优良品行的歌颂，同时也能在信众中确立良好的个体道德规范和社会伦理原则。对于人们立身处世、德行涵育、

---

① 杨志明.白族本主崇拜的功能初探[J].云南民族学院学报，2000年9月，第36页.

评价社会、稳定秩序仍有不可忽视的意义和价值。为民间社会移风易俗提供了良好的道德范本。

佛教对本主崇拜的影响明显，首先表现为佛教神祇本主化。本主崇拜将佛教中的部分神祇如观音菩萨、大黑天神、如来佛祖等纳入本主体系，被白族人按照自己的喜好和要求重新塑造成本主形象，赋予新的意义，诞生了观音老母、观音老爹、观音老祖，以及大黑天神"在庙为本主，在寺为伽蓝，在世为国王"等独特形象。其次在祭祀组织、祀神形式、本主庙的建筑装饰等方面都吸取佛教文化的有用成分，通过塑神、神话、传说、仪式、禁忌等行为完成了一个结构意义的整合，使佛教文化成为本主崇拜的有机组成部分。

道教是在氐羌巫文化及楚地巫觋文化基础上形成的，与南诏及云南境内氐羌文化系统的民族有着文化上的亲缘关系，道教对本主崇拜的影响根深蒂固。道教的封神形式对本主神格体制有重要影响，白族复杂的本主神系与道教庞大的神团系统极其相似。本主神号也与道教神系一脉相承，如洱源县凤羽铁甲村本主封号为"大圣威灵得道龙王"；邓川腾龙村本主封号为"大圣东海龙王玉璧天帝"；大理市海东塔村本主封号为"大圣金轮圣母"，这些封号都脱胎于道教文化体系。道教在发展过程中不断把忠烈义士纳入神灵谱系，本主神系的发展也是这样，甚至比道教神系更加自由化、丰富化和世俗化。道教神像往往手执宝剑，胸佩明镜，神奇威猛，本主庙中许多本主神像也与道教神像相同。洞经会由民间道教组织发展演变而来，由白族中老年男子组成，也崇信本主，许多村子的本主庙会常由洞经会主持，并在庙会期间演奏洞经音乐。本主崇拜对皇权政治的崇拜观念和对神仙的无限向往，与道教也是一脉相承的。

由此可以看出，本主崇拜直接继承了原始宗教的集大成者——巫教的信仰和文化，并在其漫长的发展过程中汲取了佛、道、儒的信仰内容和崇拜方式，结合实际需要进行改造，创造出了非佛非道、亦佛亦道的信仰形式。通过层层堆垒，逐步融合，才最终发展成为一种本民族的宗教文化与其他宗教文化相互渗透的堆垒复合性宗教文化。在这里多种宗教并行不悖，原始宗教与制度性宗教相互重叠交叉。凡遇各种神祇的诞辰或是各种庙会，都前去祝祷、烧香、念经、叩拜。玉皇、文昌、关羽为道教神祇，观音为佛教神祇，九坛神是本主神，正月初九"玉皇诞"，二月初三"文昌诞"，三月十九"观音诞"，六月二十三"关圣诞"，七月"中元会"，无论是"拜佛会"、"莲池会"、九坛神庙"祈雨会"，或是"洞经会"，在大理这些庙会都是佛、道、儒、本主合一的混合物。对于那些"逢神必拜，逢会必赶"的"老斋奶"而言，并无不同。这就在苍洱之间形成了"凡井邑聚落之间，皆有神祠，岁时致享"的壮观景象。

### 3. 民族民间性

本主崇拜是白族独有的以村落为单位而集体祭拜某一本主偶像的民间宗教信仰形式，以"零星、分散、乡村化"的方式在大理地区传承上千年。本主崇拜以民族民间信仰的形式发生作用，支配着乡村社会的方方面面，在一定程度上协调人与人、人与社会、人与自然万物的种种关系，与民风民俗融为一体，对支撑下层民众的精神生活起着重要作用，是白族民众世俗生活中不可或缺、无以替代的精神文化食粮。它以群祀的方式自生自长，既有广泛的群众基础，却又杂乱无序，具有民间性特征。

白族人深信冥冥之中有司命之神存在，能祸福国家及个人，这个司命之神就是本主。在现实生活中万事万物都由本主所操纵。"在白族人看来，本主一方面具有神性，有着超自然的神力，能够解决人力所不能解决的问题，值得人们去祈求。另一方面，本主又具有人性，他们生活在人间。不少本主本身就是由民族的祖先、英雄或者是民间具有高尚情操的人演变而来的。"① 本主崇拜既是村民内部相互认同的方式，也是村落之间关系整合的有效途径。在传统社会里，血缘性的家族神坛和地缘性的社区庙宇各自独立，又互为补充，有效实现了族内或地域认同。本主在民众心目中不仅是祈福禳灾的精神寄托，同时也成为凝聚村民力量的重要象征。修缮本主庙，大家捐钱捐料，有力出力，遇有本主崇拜活动，不论路远路近，踊跃参与，至真至诚。这是在漫长的劳动岁月中潜滋暗长的消解苦难、肯定自我、追求自由、坚定乐观的理想文化品格的再现。民众自发地对具有超自然力的精神体的信奉与尊重，借助种种崇拜仪式、活动，以寻求精神的安宁与慰藉，而不是对神的皈依与献身。由此可以强化民族记忆，凝聚文化认同，巩固社会意识和情感，成为民族内部紧密联系的文化纽带。如云龙县福里乡的阿沙坪、皂角达、阿黑场、书冲母、温坡和鸭子甸等6村都奉观音老母为本主。每年农历二月七日要举行接观音老母游田坝活动。抬着十面纸旗和五顶轿到本主庙接本主下坝，每两人抬一顶轿，轿子里供着装饰一新的木制本主神像。阖村老小身着节日盛装，簇拥着本主巡游天地，一路载歌载舞，欢声笑语，之后将本主像放在阿沙坪和皂角达村的广场上祭奠，以祈求风调雨顺、五谷丰登。

本主崇拜既不像正统宗教那样有严密的组织、系统的经

---

① 董建中. 白族本主崇拜——银苍玉洱间的神奇信仰[M]. 成都：四川文艺出版社，2007年修订版，第17页.

典教义和严明的教规，又自然地兼容和吸收了正统宗教的不少观念与仪式，以追求现实社会和谐、家庭幸福和个人安康为目的，没有禁欲、苦修、赎罪和来生观念，活动方式贴近生活，简单易行，形式多样，为平民百姓所喜闻乐见。它具有村落文明朴实无华的魅力和草根文化坚忍不拔的生命力，带有浓厚的民间文化特质。

**4. 娱乐休闲性**

本主崇拜中的神祇不少具有"半人半神"的特点，富于浓郁的乡土气息和人情味，本主既高高在上又可亲可近。彰显出民间生活的真诚与鲜活，具有娱乐休闲性特征。

在白族民间广泛流传的本主神话中，"本主"并不被当成高高在上、不食人间烟火的神灵，而是被当成与凡人相往来并像凡人一样有七情六欲、喜怒哀乐和恩怨情仇的有神力者。白族人民心目中的本主神与凡间一般，有妻有妾，有父母兄弟，拖儿带女，四世同堂，享受天伦之乐。无论帝王将相、平民人物，还是孝子烈女、部将侍从，他们成为神的同时，并没有超凡脱俗，而是充满世俗情趣，营造出一个和平、安宁而又和睦的人神共居的世界。据本主传说，大理河涘村本主"北南仁镇护疆景帝"，又称"白官爷"，喜欢到处寻花问柳。大理小邑庄本主"锡民皇帝"，与其南面的生久村本主谈恋爱，来往甚密。洱源县南大坪和牛街两位本主二月十五日在南大坪村过本主节，南大坪村本主设宴招待客人。他想让客人吃个新鲜，比牛街本主的酒席多一道菜，就杀了头毛驴，做了驴肉。吃饭时，牛街本主知道后十分气愤，喝了两盅酒就忍不住了，伸手揪住了南大坪本主的左耳，把它拧了下来。南大坪本主连忙下跪求饶，保证以后不再宰杀耕畜。南大坪本主亦被称为"缺耳朵本主"，本主庙中的塑像亦是少了一只耳朵。

洱源凤羽南端上寺、义和、屯户3村本主"弘道圣帝大黑天神"为官正直，可惜有一个又贪又馋的老婆，被称为"桃花潭水太太"。人们通常的祭祀难以满足她的欲望，因此她经常给小孩施放瘟疫。人们知道是本主太太搞的鬼，只好自备祭品去本主庙旁偷偷祭祀。祭祀时请一老妇人先装模作样地在本主庙门边探头探脑张望一番，等到确认大黑天神不在家时，就侧着身子一路小跑到神坛前，弯腰背起大黑天神的太太跑到预定地点，等她吃饱喝足后，又悄悄把她送回神坛。

上沧村的本主洪信爷，封号为"本经土主禁暴威至德圣帝"，传说他是位金矿矿主，当年因带着矿工在附近开矿却数年无获，出现经济危机，矿工的伙食越来越差，而洪信爷却每天偷吃独食，大家气愤不过便偷偷跑去看他在吃什么，没成想他却在吃豆腐渣和野菜，矿工们感动异常，大家同心协力终于找到了金矿，赢得了财富。人们深感其德，就将他立为本主。因为洪信爷还未曾结婚，所以他即便成为本主仍然可以谈情说爱，他跟另一个村子的女本主相好，可以定期相会。

本主的世界无疑是人间的翻版，现世生活的模拟与超越。本主是神化的人，过着理想化的生活方式，自由、诙谐、幽默充斥其间，超越了一般神的普遍性的威严和神秘，可亲可近，人情味颇浓，娱乐性极强，弥漫着浓厚的人文主义色彩。

作为一种植根于白族乡土社会的民族民间宗教信仰，本主崇拜常常在"娱神"的名义下展开各种文化自娱活动。所以白族民间才有所谓"人喜则神欢""三斋不如一戏"的说法。白族群众对本主的崇拜，大凡集体性的祭祀活动都明显带有娱乐的特征。迎送、拜祭、颂赞本主的隆重祭典，同时又是村民们周期性的大规模载歌载舞文化娱乐活动。本主"巡游"活动更像是人神共同参与的郊游活动。在迎送本主的队伍中，领队的男女"朵希薄"都是能歌善舞的佼佼者,他们沿途吟唱的除神曲外,大都是有关男女爱情的即兴之作。其他青年男女敲八角鼓,打霸王鞭,唱大本曲,对白族调,一路狂歌漫舞,祈求本主赐予风调雨顺、五谷丰登,在节庆活动中酬神又自娱。"一路歌声一路舞"是本主节庆活动"绕三灵"最吸引民众的地方。狂欢的队伍只有在经过村庄,碰上摆香案茶水迎神的村众时才稍稍收敛,改唱对本主和村民的祝祷之词。

  本主节庆期间,白族群众往往在本主庙四周的空地上分群围成圈对歌。歌词一般为歌手即兴创作,内容多为情歌。组织者还会请来专门的戏班子在本主庙戏台上唱大戏,另有民间艺人在本主庙广场上表演"上刀山、下火海"等惊险、刺激的节目。许多本主庙,如将军庙、宝林寺、神都等,熙熙攘攘,热闹非凡,已成为名胜古迹、游览胜地,庙会活动为乡村民众提供了社会交往和文化交流的平台。到此的人,多为游山玩水,享受美食,休闲娱乐,并非都带有宗教目的。

  总之,本主崇拜源于地方信仰习俗,缺乏统一的信仰体系和宗教经典,它以原始宗教万物有灵信仰为文化基础,以传统的儒、释、道文化和民间神巫文化为文化背景,以敬天祭祖和崇圣祀贤为文化意象,以祈福禳灾和平安幸福为文化理想。崇拜对象纷繁复杂,组织形式松散无序,崇拜目的功利性强。具有世俗功利性、堆垒复合性、民族民间性、娱乐休闲性等特点,以其世俗化的形态,游走在宗教、娱乐和迷信的边缘,在民间有极强的生命力。随着本主崇拜中的大部分迷信向俗信的转化,人生礼俗的信仰色彩也在渐趋弱化,各种迷信观念正在逐渐转化为人们对人生幸福、美好生活的追求。它的宗教功能在逐渐减弱和退化,除保留原有的祈福禳灾、心理慰藉等宗教功能外,其道德教化、社区凝聚力、传统文化承递,尤其是休闲娱乐等世俗文化功能则在不断加强。

## 第三节 本主崇拜的仪式

本主崇拜作为一种宗教信仰形式,必然有其活动场所及表现形式,这既是宗教信仰存在的方式,也是其传承的载体。本主崇拜在白族形成与发展的历史长河中形成了完整并具有丰富文化象征意义的本主祭祀仪式,它是隆重肃穆的宗教祭典,又是一次载歌载舞、自娱自乐、生动丰富的文化展示。它虽然没有形成系统的教义教规,但已形成全民族统一的民间信仰和相对固定的祭祀活动。这是宗教体系中最具活力和符号意义的元素。对本主施行拜祭,主要有两种形式,一种是以白族村落为基本祭祀单位的本主节会,另一种是以个人

图 1-2 将军庙本主节
(图片资料来源:笔者自摄[①])

---

① 书中无明确标注的图片资料来源,均为笔者自摄或自绘。

或家庭为基本单位的日常祭祀。

本主节又称为"本主会",是一年之中最为隆重的迎神社火,会期三至五天不等。本主节举办日期因各村本主不同的身份和生辰而不同,一般以岁首或本主诞辰、忌日为节期,多集中在农历正月、二月或每年六月、八月农事间隙期间。本主节十分隆重,要举行"迎神—颂神—祭神—娱神"等一整套复杂而有序的祭祀仪式,包括迎送、献祭、祷告、诵经、叩拜,在本主戏台上演奏洞经音乐、唱戏、歌舞表演等活动。

具体来说,主要程序是:第一步,"起驾、出巡"。在迎接本主像前,先给本主装饰,披红挂彩,穿上光鲜亮丽的衣服。然后将本主及其配神从本主庙里接出,安置在特制的神轿或彩车中,前面打着大红伞、龙凤旗、飞虎旗和清道旗等彩旗各一对,由两人抬着香炉,四人抬着木刻本主神像。在唢呐鼓乐、化妆坐骑、持香老人、霸王鞭舞队等仪仗队伍的护送下巡游进村。所过之处家家摆香设贡,鸣放鞭炮以示欢迎。第二步,将本主及随从诸神安置在本主广场事先搭好的"行宫"彩棚内。全村男女老幼皆身着节日盛装,杀猪宰鸡,舞龙耍狮,燃放鞭炮,烧香秉烛,唱念颂词,进行一系列颇具民族特色的迎神赛社活动,以此娱神、酬神。以求本主祛鬼驱邪,消灾解难,保佑国泰民安。有的还在"行宫"前搭建戏台,唱歌跳舞,演出地方戏剧,演奏洞经音乐,娱神娱人,人神共乐。有时本主节会上还会有平时难得一见的"上刀山下火海"表演。这来源于一个民间传说,相传青年龙九郎为医治同胞的眼疾之苦,跨过了72座刀山,穿过了72片火海,终于采得仙药,为同胞解除了病痛。为了纪念他,人们创造了上刀山、下火海、嘴叼火犁头、刀枪不入等绝技神功。所以在祭祀、祈福、驱邪的仪式中,往往还要进行各种惊心动魄的表演，以显示所向无敌的气概。第三步，敲锣打鼓，将本主神送回本主庙供奉。每年祭祀本主活动中最活跃的成员，往往是初婚而尚未生育子女的男青年。用轿子抬本主神像，用大木车拉本主神像，耍龙，耍狮，踩马和跳牛等一系列活动，几乎都由这些男青年承担。有的地方几个村子供奉一位本主，便按此程序迎送到各村轮流祭祀数日，最后再送回本主庙中供奉。如：剑川县西湖上沐邑、下沐邑等5村，共同奉"赤子皇帝"为本主，每年各村按先后顺序迎接一次本主。从农历七月二十三日起，首先由上沐邑村将本主从本主庙中迎出，在村内停放6天，二十九日由下沐邑村迎接，以后依次由江尾村、前山屯、柳营村迎接，最后则将本主神送回本主庙。

另外，大理地区有的白族村寨每年还有一次集体性祭祀本主的庙会，叫作"接佛会"，也称"门前会"，白语俗称"姜唯"，是指春节期间按一套固定仪式接送本主的活动。

据调查，海东境内几乎所有白族村寨都参与接佛仪式，按传统安排是正月初五早晨由文、武、和三曲从上老太庙把阖境本主"金轮圣母"等17尊雕像[1]接出来连佛轿停放在街登甸旁的大路边，据说是镇妖辟邪。早饭后阖境十村耍龙舞狮去迎入下老太庙。初八起各村轮流接送。至二十五阖境十村参与将"金轮圣母"等17尊本主雕像送回上老太庙。后来参与接佛活动的村寨越来越多，由原来的十村增至十五村，周期也作了调整。正月初二本主出门，至三十日方由老太箐送回本主庙，并举行隆重的本主节会活动。海南片接佛迎送

---

[1] 原本有15尊雕像，1958年"大跃进"破除迷信，本主群像被毁。此后"接本主"活动中断。1982年恢复，但抬的是圣牌。1983年，本主群像恢复，又新增了"四娘娘"和"六娘娘"的出像，全堂共17尊。

的本主神像有囊葱独秀、字国当朝、青官、绿官、五老爷董平、六老爷昆学、七老爷昆掌、太子、新龙王、老龙王等共10尊。也是按先后顺序由各村轮流接送。

超越村寨界限，大理白族地区规模最大的本主节会应为"绕三灵"活动。绕三灵又称"绕山林""绕桑林"等，白族称为"观上览"或"祈雨会"，"观"就是"闲逛"或"游览"，是为求雨祈福、祭祀本主而举行的全民性的迎神赛会，流传于大理环洱海地区的白族村寨。相传起源于南诏时期，是大理白族最古老、最具民族特色的民俗节庆盛典。"三灵"指的是"佛都"崇圣寺、"神都"圣源寺、"仙都"金奎寺。每年农历四月二十三日至二十五日，洱海周围上百个村寨的男女老少，身穿民族盛装，弹奏乐器，边唱边舞，齐聚"神都"圣源寺，进行朝拜仪式，各村为一队，从大理城出发，至洱海边的河矣村终止，历时三天，第一天在喜洲庆洞庄（神都）绕"神"，第二天在洱海边金奎寺（仙都）绕"仙"，第三天在大理古城崇圣寺（佛都）附近绕"佛"，所以称为"绕三灵"。

追根溯源，这是由"祈雨"活动演变而成。相传，过去大理常因干旱无雨而无法栽秧，以稻作农耕为主的白族，在水稻栽种之前，人们必先要向神灵祈求风调雨顺，祝愿五谷丰登。于是每年农历四月二十三日至二十五日，栽秧季节到来之前，都要组织大型祈雨活动。又恰值春光明媚，天气和煦之期，于是就派生出盛大的"绕三灵"歌舞盛会，这实际上也是在紧张的水稻栽种之前，人们的一种特殊的游春活动。人们满怀热情，希望通过自己虔诚的祭拜，使得风调雨顺，五谷丰登，同时祈子嗣，禳灾病，祈祷阖家平安。

"绕三灵"队伍以村社为基本单位，队伍分为前、中、后三部分：前队是"花柳树老人"，为中老年人担任，有时一男一女，有时两男两女，头缠包头，身穿对襟衣，着彩色绸裤，脚穿缀有红绒球的彩线凉鞋，戴墨镜，打扮得十分风趣，两人共扶杨柳枝，柳枝上挂一个葫芦，一块彩绸，一人执拂尘，一人打红扇或甩白毛巾，二人边舞边对唱白族"花柳曲"，唱词幽默诙谐。中队除了吹笛子、吹树叶的人外，有男女舞者数十人，有的唱调子、打霸王鞭、敲八角鼓、双飞燕亦歌亦舞；有的手执彩扇或草帽，载歌载舞。后队则为广大白族民众，不分男女老少，皆浓妆艳抹，插花戴朵，身着节日盛装，大家排成"一字长蛇阵"，在"花柳树老人"的带领下迤逦前行，形成数万人参加的大型春游活动。

在大理俗谚有云："三日逛北，四日逛南，五日返家园。"农历四月二十三日，队伍从大理城出发，大清早，苍山脚下，洱海之滨各村各寨的白族群众着盛装先会集于三塔脚下的佛都崇圣寺燃香祭拜；继而载歌载舞，一路北行（此为"逛北"），到达苍山五台峰下的圣源寺，祭拜"神中之神"段宗牓，祈求风调雨顺，人寿年丰。祈毕，就在寺旁的河滩、树林间唱山歌、对调子，跳霸王鞭舞，狂欢娱乐，并在寺内焚香敬佛，念经祈祷。二十四日，全体人员一大早从圣源寺出发，边走边唱，一路向南，载歌载舞走向洱海之滨金奎寺（此为"逛南"），举行本主祭祀活动。然后，在寺院内外场地，打霸王鞭、金钱鼓，跳扇子舞，唱白族调，傍晚在神都周围埋锅造饭，当晚即夜宿庆洞庙宇和四周野地树林中。人们尽情歌舞，通宵达旦，热闹非凡。二十五日，从金奎寺出发，沿洱海西岸向南而行，直至绕回大理古城的"佛都"崇圣寺，祈祷上苍保佑、永镇山川、天地安宁，然后在寺旁的马久邑村散会，各自归家。"绕三灵"盛会是一次全民参与的祭神仪式，更是一次增强民族凝聚力的文化盛典。

本主崇拜没有创教祖师和宗教经典,但形成了相对固定的口诵经文,如经、诰、疏、表文、祭文体裁样式等。有的已经形成一套基本固定的格式,有的则根据各人祈求的目的即兴祈祷。现存民间的成文经典,有流传于大理市境内的《沿山沿海经》、祥云米甸的《太上本主龙王礼典法忏》、洱源双廊的《二真经全函》、大理喜洲的《十五经》、兰坪金顶的《本主经》。这些本主经文常与佛道经典相糅合,巫、佛、儒、道、本主并行不悖,多为对本主神的溢美、赞颂、祈求之词。

《本主诰》是本主崇拜中比较普遍和典型的宗教祭文,因其篇幅短小,易记易诵而在白族村落中广泛流行。流传于洱源黄家营、中前所、西官村的本主"五灵佑化威显清至德景帝"(俗称"放鸭本主"),《本主诰》为:"神化泽园,赫濯威灵,心从五五之真,系俱九九之妙,至公至灵,锡从会演,近海以放鸭为生,逢灾佑善良施,赏法而除艰苦,众有求必应,无祷不灵,大忠大孝,大德大仁,封为三村本主,尊称五灵佑化威显清至德景帝。"

下鸡邑村本主庙,祀"本主大圣佑祚皇基清平景帝"段宗牓,其《本主诰》为:"威灵有赫,正直无私,远迎舍利,不惮跋涉之劳,诛灭权奸,曾施智勇之略,尊故主,泽被民生,精忠报国,作军将,为节度,历相三军,由是赐封景帝。"

喜洲阁洞塝村本主"太阳神阿光",其《本主诰》为:"西天古佛,南诏正神,随大士护持法宝,护国王克服罗刹,驱云拨雾,又在三十六尘主宰,寿酒安民十七,七十二坛景帝,寿诞菊月,执掌莲峰,邦家永镇,文阁常清。大悲大愿,大圣大慈,本主镇宁邦家福佑景帝。"

大黑天神《本主诰》:"人间天上,化现多般,镇乾坤,正直无私,降邪怪,威灵有赫。三头六臂掌握宗门,无愿不从,有求皆应。大悲大愿，大圣大慈，敕封伽蓝本主大黑天神。"这些《本主诰》皆是对本主神的赞颂及祈求之词。

祭祀本主的仪式，除了大规模的本主节会，还有以个人或家庭为基本单位的日常祭祀活动。白族人从生到死，都与祭祀本主的礼仪密不可分，本主庙里一年四季香火不断。凡白族村民的婚丧嫁娶、取名求子、添丁满月、出门远行、立柱盖房、消除病痛、求功名、求富贵、求升迁、求平安都需要举行简单的祭祀仪式，向本主神祈福求赐，以祈求本主神保佑。上述活动就是日常祭祀，时间不固定。祭祀的主要程序为：明确祭祀意图，准备祭品，到了本主庙杀牲、献祭、上香、上表、跪拜等。祈福时要把祭祀的目的明确向本主提出。愿望实现后，要到本主庙还愿。祈祷者往往要在本主庙内杀鸡宰羊，宴请阖家老少、亲朋好友，把所有祭品享用完毕，仪式才宣布结束。"白族村民用一种虔敬、依赖和祈求神灵的宗教情绪与心理状态中去行使巫术。采用献祭、礼拜、祈祷、颂赞和尊崇去感动本主神祇，对本主神施行软求利诱，以此获得本主的同情与帮助。"[①]

本主崇拜和其他宗教信仰一样，有诸多禁忌。白族社会忌讳对本主神的亵渎，进入本主庙，必须恭敬、虔诚、肃穆，禁止大声喧哗，禁止触摸本主神像。一般在白族的迎神活动中，忌讳有孕妇女参加。有的本主不喜欢小孩，祭祀不能携带小孩。白族民间还忌讳说本主的坏话，民间故事传说中涉及本主不光彩的故事也只能在本村中流传，外族人一般很难探究。

根据本主神话传说，有的本主忌羊肉、牛肉、猪肉、鱼、花椒、草乌、酒等。传说喜洲上洪坪本主"中央皇帝"生

---

① 牛军．白族本主崇拜的文化内涵及审美意识浅析 [J]．楚雄师专学报，2000年1月，第82页．

前因征战负伤，祭品不得供鸡蛋，意为防止本主枪伤复发。湾桥本主大黑天神是来源于佛教的神祇，祭祀时忌荤腥，只供素食。西城尾张凤本主祭祀不得供任何祭品，尤其忌宴请宾客。大理石坪村等地对其本主"曩聪独秀冠应化皇帝"，只能供生鱼、生肉，不得供熟食，因为本主生前率军作战，为了节约时间，常常不能把饭煮熟来吃，这已成了他的习惯。沙栗木庄祭祀本主傅友德，忌供鸡鸭鱼肉，尤其忌鸡蛋，据说傅友德在负伤后因吃了这些东西而使创伤复发。

大理西城尾村本主"大圣妙权青慈圣帝"，是明朝进士资阳县令，正月十五日是他的生辰，祭祀时只要一炷香，不用祭品，不准请客。因为本主爱惜民力，不愿多花钱，铺张浪费会惹本主生气。洱源青山本主"王志公公"，忌穿羊皮褂的人，红山本主庙的"赤男灵昭咸光景帝"，忌白色衣服……各种习俗千奇百怪，具有浓郁的生活气息，充满世俗人情味。

总之，本主崇拜所形成的约定俗成的仪式在家庭、宗族、社会组织的整合及社会制度与舆论的规范方面具有重要的意义，起到了和谐共生、延续传统、传承信仰、凝聚民心、教化民众等作用。随着城镇化进程的加剧，近些年来，到本主庙祭祀的活动不再那么隆重。而且祭祀的仪式只有老一辈熟通，年轻人了解得愈来愈少。本主崇拜的仪式也呈现出文化变迁的现象，现今祭祀仪式中的宗教成分较以前相对减弱，而民俗性、娱乐性、商业性增强，本主庙会和日常祭祀逐渐成为白族的节庆习俗和文化活动。

## 第四节 本主神系

本主崇拜是白族以村落为单位而集体崇拜某一本主偶

像的独特宗教信仰，是白族社会在特定的自然环境与社会文化环境下形成的一种根植于民众生活且广泛流传于民间社会的宗教文化现象，它起源于原始社会的自然崇拜、图腾崇拜、祖先崇拜和英雄崇拜。在发展过程中，以白族为主体，以巫教为主导，还吸收了一些汉、彝、回、蒙古等族的历史人物、文学形象以及佛、道、儒的神仙菩萨，组成一个庞大的神祇集团。本主神不分等级、不分职业、不分民族、不分男女、不分年龄大小，甚至不分宗教，可谓包罗万象，新旧杂陈，天神、地祇、人鬼、仙、魔应有尽有。只要是有功于民或有德于民的，皆可立为本主。本主神多半是白族乡民经过选择、淘汰、替换，自己树立的神灵，也有少数是统治阶级敕封的神灵。这些神灵来源各异、各各不同、互不相属、纷然无序。本主神有各式各样的封号，常见的有"景帝""皇帝""灵帝""圣帝""圣母""将军""老爷""太子""公主""龙王"等等。在山区、经济文化不发达的地区，有些本主还不是成形的偶像，只是以石头、木牌、神贴做标志，或以"石头皇帝""白岩天子""三龙天子"等为神号，结构极为古朴简单。

本主神根据来源，大致可以分为以下七类：

第一类：来源于原始宗教的自然神。

白族人深信"万物有灵"，世间万物同自己一样有感情、有灵魂，于是山有山灵，水有水灵，山里的野兽草木也像人一样有灵有性。他们将自然物神化，由此便产生了天、地、日、月、星、风、雷、雨、电、山、海、河、沙、树、壁虎等神灵，并将其改造，奉为本主。如南诏王异牟寻曾正式封金马、碧鸡二山之神为"景帝"。"景帝"是白族本主神常用的封号，从而表明这时候的金马、碧鸡二山神已经成为本主，而不再是原来的山神了。鹤庆县西山本主庙供奉

"西山北岳定国安邦景帝""西岳利王皇恩景帝""雪山太子护白景帝"诸神;苍山五台山神为"灵镇五峰建国皇帝";鸡足山神为"宾阳王崇建国鸡足山皇帝"。这些都是"本主化"了的山神。

另外,许多村寨都供奉石头为本主。如剑川县象图乡核桃村供奉黑石岩为本主,称为"黑岩景帝";沙溪乡南门村和西门村供奉一块红砂石为本主,称为"红砂石大王"。大理市内官村供奉石头为本主,称为"青岩应圣保邦大王";星庄村本主也是一块石头,封号为"保光国英明景帝河南太子"。云龙县白石乡开子地村供奉的本主是一块白灰色的石头,叫"白岩天子";白石乡大石壁等村供奉的本主是一块青黑色花岗石,称为"黑岩赫威本主"。这些本主皆源于原始社会广泛流行的"灵石崇拜",后将其人格化、神化,衍化为村社保护神——"本主"。

大理市银桥乡的阳乡村、洱源县凤羽镇的铁甲村、洱源县上龙门村都以"大树疙瘩"为本主。相传大树疙瘩本主在洪水威胁人民生命财产安全的时候,用自己的身体堵住了洪水,救人民于危难之中。这是自然物"以功封神"的典型。

白族人通常把图腾视为吉祥物、灵物、氏族的标志,并将图腾作为自己的保护神。如龙、虎、鸡、狮、凤凰、白石、砂石等本主神都来源于图腾。其中,"龙王"崇拜最为突出。据调查,在大理地区龙王本主就有45个。洱水神祠供奉的本主为"洱海灵帝小黄龙",点苍山应乐峰隐仙溪旁绿桃村的本主是"龙母",羊皮村本主是"白那陀龙王",洱源县凤羽铁甲村本主是"大圣威灵得道龙王",邓川腾龙村本主是"大圣东海龙王玉璧天帝", 邓川漏邑村本主是"茈碧湖龙王第九女",剑川县江长渡本主是"马祖龙王"。另外,喜洲阁洞塝村本主是"太阳神阿光",封号"镇宁邦家福佑景帝"。大理市大井盘村本主是"凤凰女神"。这些本主明确封号或有或无,皆是图腾化了的自然神,被赋予了一定的人格属性和超自然的能力。其主要功能是驱邪除祟,锡福格祥,保佑风调雨顺、五谷丰登,农耕文化色彩浓厚。

第二类:来源于祖先崇拜的本主神。

祖先崇拜是由图腾崇拜过渡而来的在亲缘意识中萌生、衍化出对本族始祖先人的敬拜思想。白族人相信去世的祖先会运用他们超自然的能力庇佑本族成员,赐福于子孙后代,这一点和汉族相一致。所不同的是,他们把祖先"本主化"。凡白族村民,皆认为自己是"本主"的子民、儿孙。湖南桑植县白族供奉的本主是开创基业的三位首领,叫谷均万、王鹏凯、钟千一,合称"三神天仙"。鹤庆县西山区把白族开天辟地的老始祖劳谷、劳泰及其自相婚配繁衍人类的十对儿女都奉为本主。

第三类:来源于英雄崇拜的本主神。

英雄崇拜自古就有,至今犹存,这是人们对舍生取义、杀身成仁、无私忘我、坚忍不拔等崇高精神的崇仰与礼敬。白族人对意志坚定、为国为民、无私奉献、不畏牺牲的精神品质予以高度肯定和崇敬,于是把品质优秀、勇武超群的猎神杜朝选;表现出超凡的勇气和智慧的斩蟒英雄段赤诚;智杀妖怪的阿杰尔;力挽狂澜、救万民于水火的独臂清平官段奕琮、农民领袖李定国;聪明美丽、有勇有谋的白洁圣妃;因懂得对付干旱,促使小春生长的密咒的"龙姑、龙嫂";舍己为人、急功好义的药神孟优、盐神陈文秀等都奉为本主。甚至连灭了大理国的蒙古族皇帝忽必烈、傣族抗清将领土司那荣也被剑川、元江二县白族奉为本主。

第四类:来源于佛道神祇的本主神。

大理古称"妙香佛国",大理地区深受佛、道文化影响。白族乡民将牟迦陀、观世音、天王菩萨、大黑天神、地母老太、玉皇大帝等佛、道神祇加以地方化和世俗化,直接奉为本主。如观世音菩萨被许多村寨供奉,称为"观音老母""观音老爹""观音老祖"等。大理旧城供奉的是"建国梵僧观世音菩萨",剑川县狮河官登供奉的是"大圣观音本主",剑川县向湖村南寨本主是"托塔李天王",北寨本主是"观音菩萨"。

佛道神祇常用"帝""皇""圣母"等为神号,而在本主神号中亦常用。剑川县甸南乡发达、印盒本主是"大圣华丛玉印景帝";西城尾村本主是"大圣青城青慈景帝";西中本主是"大圣灵明福荫景帝";文化丁卯城村本主是"大圣威静边尘卫国圣母"。大理市海东塔村本主是"大圣金轮圣母";朱柳本主是"大圣护国崔君景帝";上阳溪本主是"大圣佑祚清平景帝";团山村本主是"大圣通明皇帝"等。这些本主都直接或间接来源于佛、道神祇。

大黑天神本是婆罗门教的变身,后成为佛教尤其是密宗最重要的护法神,被本土化、本主化后,嬗变为白族的本主神,其在本主崇拜中历来礼遇有加,并被广泛供奉。

据调查,供奉大黑天神为本主神的有:剑川沙溪本主庙,祀"本境福主大黑天神""大圣北方多闻天王""大圣白姐圣妃阿梨帝母"为本主;大理市喜洲周城南本主庙把大黑天神与杜朝选、赵木南三位本主并列供奉。喜洲九坛神本主庙的9位主要本主神中,就包括"鹤阳摩诃金钵伽逻大黑天神"。祥云县西山庙祀"白牛本主大黑天神";弥渡县马官厂村本主"白牛土主大黑天神";洱源县凤羽上寺、屯户、义和等村祀"大黑天神"本主,封号"弘道圣帝大黑天神";大理市湾桥、洱阳、崇益、阳南南村,剑川县土河、青瓦场、溪江、石龙等村都祀"大黑天神"。

大黑天神既是备受白族人民崇敬的本主主神，又可以"屈尊"作为本主庙中的次要配神。很多本主庙正殿，中间供奉本主主神，左侧或右侧供奉大黑天神。如大理市上末村本主庙，中间供奉"求生景帝"，左侧供奉新王太子，右侧供奉大黑天神。洱滨村本主庙，中间供奉斩蟒英雄段赤城，左侧供奉新王太子，右侧供奉大黑天神。大理古城果子园村本主庙，中间供奉新王太子，左侧供奉大黑天神，右侧供奉财神。大理市石屏村南海将军庙，中间供奉本主"囊聪独秀冠众应化景帝"，右侧供奉随从部众，左侧供奉大黑天神。上村将军庙，中间供奉李宓将军，右侧供奉侍从部众，左侧供奉大黑天神。大黑天神就成为本主庙中主神左右最常见的配神。

第五类：受儒家思想影响诞生的忠臣孝子本主神。

儒家忠孝节义、勤政爱民的思想深刻影响着白族人民。尤其是"孝"的思想在本主崇拜中表现得尤为突出。孝最原始的意义是奉养父母，孝源于对父母的爱敬之心，体现为"报亲恩"。孝是道德的起点，孝道是中国最重要的一种人伦关系。自然重孝忠义之人也得到白族人民的高度崇仰。如大理市石屏村本主是唐李宓将军部众字将军父子，随师征南诏。据大理市石坪村《南海将军庙碑记》所载："因父子生前英勇善战，忠义可嘉，殁后敕封囊聪独秀冠众应化景帝……受四乡八村百姓祀。"

洱源县凤羽本主中多为孝子，李文斌、李文景、李时中三兄弟，相传是禄丰人，因父母年老多病，久治不愈，听说凤羽西罗坪山上有好药可治，兄弟三人就上山采药。后家中仆人驳吉前来报丧，兄弟三人一起在西罗坪山跳崖自尽，驳吉也跟着自尽了。白族人民感其孝义，将李文斌奉为凤翔村本主，封号为"大圣威定四时惠国佑民景帝"；将李文景奉为起凤村本主,封号为"显佑邦家高聪皇帝";将李时中奉为振兴村本主,封号为"三龙太子显佑皇帝正道大臣"。本主庙对联:"采药竭鸟情,越虹桥,渡鹉关,共主仆弟兄诚心爱日;着屦登凤岭,披凫藻,践鸿苍,统我蒿杯楱痛念终天。""庙貌辉煌想当年忠孝节义;恭修纯粹仰今日正真聪明。"赞颂其忠孝仁义的精神。另外,大村本主"神冀宣功西天景帝";草甲村、白米东村本主"东山天子骑龙景帝""玄恩谷丰明德景帝";白米星登、七树、马头、大充等村的本主"爱民景帝"张保君等也是孝子,他们都是因孝行而受祀。

第六类:来源于南诏大理国帝王将相、民族历史人物的本主神。

南诏大理国时期有名的帝王将相及一些历史人物也被纳入本主神体系当中。如南诏第一代国王细奴罗为大理市本主,大理龙龛村本主为南诏国王蒙世隆,封号为"迎风勒马景庄皇帝",弥渡县铁柱庙祀南诏国王蒙世隆夫妇,本主封号为"驰灵景帝大黑天神"。巍山县东山土主为南诏国武宣皇帝隆舜,大理国开国国王段思平为大理市鹤阳村本主,也是邓川等地本主,神号"景庄皇帝武宣王",他还是洱源县茨充村本主,称为"龙王段思平"。段思平之祖父段宗牓成为"最高本主""神中之神",封号为"狮子国王一德天心中央皇帝",其妻也成了最高"神后"。段宗牓也是湾桥乡上阳溪村本主,其封号为"敕封清平景帝平夷功将本主段宗牓",他还是大理市下鸡邑本主,封号为"本主大圣佑祚皇基清平景帝"。

另外,大天兴国国王赵善政为邓川上村、炼铁等7村本主,封号为"赵北仁天安康皇帝";大义宁国国王杨干贞为洱源神充、下营等5村本主,封号为"肃恭皇帝";鹤庆县城郊的白族村庄，也立杨干贞为本主，封号为"敕封雪石北岳安邦景帝"；被南诏俘获的四川西泸县令郑回，后做了南诏国清平官，之后父子二人被立为"大理城四方本主"。此类本主神多有正式封号，多占据经济文化较为发达的村落，很可能是统治阶级为巩固其统治，而有意识敕封的本主。

第七类：其他灵异神。

还有少数本主神或是文学作品中的人物，或是普通平民，甚至是败军之将，亡国之君，都被立为本主。如《杨家将》中威风凛凛的"八贤王"赵德芳被洱源县凤羽雪犁村立为本主，封号为"敕封镇定坤元保应皇帝"。杨延昭（杨六郎）也被立为本主。而大理市喜洲镇桃源村的本主是杨六郎的儿子，"大破天门阵"的杨宗保。这些经过文学演绎、夸张的人物形象于何时、何因被立为本主却已不可考。鹤庆五峰村本主"五老神"，大理市周城农民段隆，洱源平民"福男殿下本主"，渔民希卡托罗本主，伐木工黑天神本主，乐于施舍，救济贫穷的王皮匠本主等都是普通平民。唐天宝战争中因攻打南诏而阵亡的唐将李宓也被大理市下关上村立为本主。甚至丢掉江山的建文帝朱允炆也被洱源县负图村立为本主。

从流传于民间的传说故事来看，这类本主往往具有特殊的灵异能力，使人心生畏惧，由恐惧而生迷信，由迷信而生信仰，由信仰而神格化，于是这些灵异神就受到广大乡民的顶礼膜拜。

本主庙内祀神格局较为复杂，多为一位本主，多位配神，也有多位本主，不祀配神，或者多位本主，外加多位配神。本主神往往被赋予了斩妖驱邪的巨大法力，以及能为百姓扫除妖孽祸害，保境安民的神性，但他还不是全能神，还要其他配神相辅佐，各司其职，各尽其能，这样才能更专业，也更职业。常见的本主配神有观音、大黑天神、财神、药神、痘神、沙麻神、六畜神、山神土地、文武判官、子孙娘娘、卫房圣母等。大多数本主庙还配祀本主的眷属如妻妾子女、兄弟姐妹、部众侍从等。大理富美邑奉陈伯钧为本主，配神包括他的两位妻子、一个儿子。大理马久邑除祀本主及他的妻子外，还配祀其父母、祖父母、曾祖父母，组成了一个"四世同堂"的大家族。大理甸中的张小三本主旁，还塑有其父母。

另外，本主崇拜中全民性普遍祭祀的动物神是六畜神。"六畜"指的是马、牛、羊、猪、狗、鸡六种家畜。六畜神不能与主神供奉，更不能占据神庙的显要位置，通常将六畜神的位置安排在大殿的前走廊两侧，是本主庙中神圣性和地位远低于本主神的常见配神。它的产生和存在与白族社会的农业和畜牧业的生产方式密切相关。

从以上分类可以看出，本主崇拜在有神观和崇拜对象上以原始宗教自发性、直观性观念和多神崇拜为主，原始宗教信仰目的的功利性特征与平等自主性特征及由此而产生的浓厚俗世人间性气息也仍然占主导地位。本主神来源众多，类别不一，神系结构松散复杂，兼容甚广，各神祇之间平等自由，没有严格的统率关系，尚未完全形成等级森严的神系。但已经产生人为宗教等级制的萌芽和本主神封及统治者封授本主的形式，伴随着等级制度的出现，冥冥中的神鬼世界也被虚构出了各级"组织"和权势越来越大的"神王"，隐约闪现出至高神的灵光。出现"神中之神""中央本主"段宗牓，之下有"九堂神""十八堂神""七十二景帝""五百神王"等，但他们之间并没有形成明确谱系。各村本主之间有兄弟姐妹、亲戚朋友、侍从部属等关系，甚至还有私情或者怨仇的。相传段赤城是洱源人，洱源苤碧乡把他奉为当地最大的本主，段赤城的9个儿子和3个女儿，也都被奉为附近各村各寨的本主，这样段赤城一家成为方圆10里之内的本主神系。七月二十三日段赤城的寿诞，附近各村寨的乡民都要来参加本主节会，热闹非常。洱源凤羽坝南端几个村落的本主是"能济乾坤孝感威灵爱民景帝张保君"和他的妻子"照应洞天感德圣母"。传说中的斩蟒英雄段赤城的母亲，因教子有方被奉为大理绿桃村本主，母子同进本主庙。洱源县邓川腾龙村本主"大圣东海龙王玉璧天帝"有5个儿子，除2人留在身边照顾外，其余3人分别被派到官庄、乾木南、社畔村做本主。大理马久邑本主"保安景帝"是建国皇帝的驸马。洱源县南大坪本主和牛街本主是一对冤家。鹤庆县大水美村本主"东山老爷"和小教场村本主"白姐"就是一对恋人。唐将李宓本是唐王朝派来征伐南诏的将领，兵败身死之后也被奉为本主，享受汉白人民的香火。而李宓的孙女居然成为段宗牓的孙媳妇。昔日刀兵相见的冤家对头，今日化干戈为玉帛，缔结秦晋之好，这就是现实世界中的民族融合在"天国"的再现。

  综上所述，本主神谱系杂乱感性，诸神体系庞杂、数量众多、神性神格复杂，伴有广泛的地域神灵。本主神祇大多是具有"济物济民、存仁存恕、大德大仁、至正至神、大悲大愿、大圣大慈、正直谦恭、乐善好施"之高尚德行的善神。其中有忠臣、孝子、节女、义士，更有救苦救难、舍身为民的观音菩萨、大黑天神等，即便是恶神也能对自己的信士做到"善求必应"。所以千百年来，这些本主神都受到白族人民的崇拜与供奉，他们的传说故事也在白族民间广为流传。正是这种村社保护神的作用，使得本主崇拜在大理白族地区长盛不衰。

# 第二章　本主庙的历史沿革、选址朝向和布局结构

庙，本义："宗庙"，《说文解字》解释为"廟，尊先祖貌也"。"庙"在中国古代本是供祀祖宗的地方，也指祀神的场所。作为礼制建筑的坛庙，经历代调整裁并至清代最终形成系列。据《大清通礼》记载，按儒家《天地君亲师》的要求，清代设置的坛庙分为两大类：属于自然神祇的坛庙有天、地、日、月、先农、先蚕、社稷诸坛，风、云、雷、雨诸神庙，皆设于京师；五岳、五镇、四海、四渎神庙建于各地。又特别崇奉东岳泰山，各地广建东岳庙。此外尚有城隍、火神、龙神等特定神祇庙宇。清代自然神祇坛庙绝大部分继承明代遗构，稍有增添与改动。属于人文神祇的庙宇有太庙（天子的家庙）、孔庙（又称文庙）、关帝庙（又称武庙）、历代帝王庙、昭忠祠、贤良祠以及历代有影响的先贤哲人的祠庙、豪门巨族祭祖的家庙和祠堂等。现存的祠庙绝大多数是清代建筑从坛庙总数量来说，人文祠庙，特别是民间建造的占了大多数。这些民间祠庙在广大的城乡市民生活中产生巨大的影响。

本主庙是以"本主神"为主要祭祀对象的神祠，也是带有浓厚血缘色彩的宗祠，以及祭祀先贤人物的先贤祠。白语称本主庙为"武僧准"，意为"我们祖先神的庙"。通常是一村一座、一村数座或数村一座。其中大部分分布在大理白族自治州环洱海地区，这里一直是白族生息繁衍的核心区域。

本主庙是白族村民祭祀本主，举行礼拜、献祭活动以及娱乐休闲活动的专用场所，本主信仰神圣的屋化建筑空间和物质文化景观，是本主文化的核心和重要标志，也是白族传统文化传承的重要中心。在选址朝向、平面布局、空间构成与建筑装饰方面极有特色，充分体现了民间信仰建筑的宗教吸引力和艺术魅力。它既是神的殿堂，也是乡村文化的殿堂，还是村社世俗生活的中心。白族村落往往以大青树和本主庙为标志，而大青树常常就种在本主庙门前，于是本主庙以及庙前戏台组成的广场，以及大青树下就成为村社文化的中心。对于每一位白族乡民来说，本主庙是本民族宗教祭祀、日常娱乐、节日喜庆的公共场所，也是建筑、雕塑、绘画、篆刻、碑铭、书法、歌舞、音乐、戏剧等艺术展示之地，于是在漫长的历史长河中，在广阔的白族乡间，本主庙及其周围场所成为村社文化的教育中心，社会信息的传播中心，文化休闲的娱乐中心。本主庙还是沟通生死的特别场所，白族村民升官发财、生儿育女、婚丧嫁娶都会在第一时间到本主庙向本主神汇报，并进行献祭，举行仪式，以此获得本主的赐福和庇佑。而且文昌诞、天师诞、关帝诞、九皇诞等道教节会，也会在本主庙中举行。因此本主庙里香烟缭绕，前往叩拜祈祷的信徒终年不断。苍洱之间，千年以降，一年到头，几乎每天都可见到村社里在举行本主迎送、献祭活动，人神同欢，天地共娱，络绎不绝。本主庙反映了农耕社会的政治、经济与文化特色，清晰地记录了白族村落从封建宗法制度走向今天的历史轨迹。

## 第一节　本主庙的历史沿革

本主庙的建造历史悠久，传承演变复杂。有白族村落就有本主信仰，有本主就要立庙供奉。据历史典籍和现存本主庙内的碑刻铭文记载，最早的本主庙可追溯到南诏国时期，如苍山神祠、洱海神祠、沙漠庙、大理市上关镇石岩本主庙等，这与本主信仰的诞生是同步的。多数情况是先立神后建庙，即先树立本主神再根据村落情况选址建盖本主庙。也有的是先有庙后换神，即把原有的佛道神像换为村民崇奉的本主神，原来的佛道祠、庙、宫、观自然转化为本主庙。明初朱元璋对佛教密宗实行残酷打压，使得许多密宗寺院荒弃闲置。尤其是明代嘉靖以后，官府为了缓解"军储告匮"的危机，对寺观田地加倍征收赋税，实行"寺租四六之法"，这一制度从嘉靖四十二年（1564年）开始实行，一直沿续到清代乾隆元年（1736年），对佛道的打击十分沉重。致使佛寺一半以上成为废寺，有些地方"存者百无一二"，道教亦"道流零落，观宇颓废"。于是南诏以来所封的山川岳渎神庙以及大量密宗寺庙，在明代以后大都供奉起了本主神像，佛教寺院自然就演变成本主庙。如苍山神祠、洱水神祠、建宁寺、三灵庙等原有的佛道寺庙都演变成了本主庙。

苍山神祠背靠苍山十九峰之中和峰麓南侧，面临洱海十八溪之中溪，坐北朝南，正殿为三开间单檐歇山顶建筑。庙内立有《重修苍山庙碑记》和《敕封点苍昭明镇国灵帝神位碑》，明确记载南诏封点苍山为中岳，建祠奉祀，唐德宗贞元十年（公元795年）正月，唐剑南西川节度使韦皋遣巡官崔佐时与南诏王异牟寻结盟于此，且将盟誓之一贮为石室，同年四月，唐遣尚书祠部郎中兼御史中丞袁滋持节册封南诏，故神祠是反映我国民族关系史的重要纪念建筑。现祠为清光绪间重建，1986年维修。现今殿内供奉的是大理市大理镇大纸房村、石门村、中和村、水碓村等白族村落的本主神杜光庭，神号"敕封点苍昭民镇国灵帝"，殿内楹联："本殿天良为护国；主持善道以告邦。"正殿梁上悬挂匾额："本主座下：福泽一方"，都明确表明它已转化为附近村庄的本主庙。每年农历正月十五、二月初一、六月初一等，附近村民都会在此地举行隆重的本主节会。

图 2-1　苍山神祠

大理白族地区现存的多数村落中的本主庙始建于明清时期，如宝林寺始建于明初，清光绪年间重修。大理市下关镇寺脚村土主庙、云龙县佛上登观音公寺、宾川县上沧村本主庙始建于明代。大理市下关镇福星村本主庙始建于明永乐年间（公元1403—1424年），南海将军庙始建于明英宗正统十二年（公元1447年），鹤庆东山庙始建于明末清初。之后屡屡重建，承继香火。据大理市下关镇石坪村应海庙碑文记载："应海庙（本主庙）位于村西，玉案山北麓之洱海边，依山伴海，浮光耀彩，玉案千姿，湖光百态，堪称大历其境，尘心翛然之福地。庙始建于明英宗正统十二年（公元1447年）距今五百六十年，其间多有修缮，尤以民国三十三年（公元

1944年）为著，修缮虽耗资甚富，但均属土木结构，不经久远。二零零六年四月，石坪合村士庶投七十万元之巨，拆除土木，于原址重建钢混结构之辉煌庙宇，并于当年重塑庙祀神祇金身，从此，圣像庄严，圣居永奠。"

现今能完整保留下来的多为清末建筑，如大理市喜洲镇仁里邑景帝庙迁址重建于清光绪四年（公元1878年），大理市凤仪镇江西村委会大江西灵通庙建于清光绪己卯年（公元1879年），现存大殿、两厢、门楼（戏台），原建筑及格局保存基本完好，原有精美的构件和典雅的彩绘均得以保存。大理市双廊镇莲花曲本主庙始建于清末，几乎没有进行过大规模的维修，迄今还保存着原有的历史风貌，由大门、戏台、大殿、厢房和漏阁几部分组成。

建造年代较早的本主庙规模不大且形制简陋，多为单坊式建筑，与普通民居相差无几。根据村寨聚居人口的多少及经济水平的高低，不同地方的本主庙在建筑体量和规模上大不相同。因各地各村经济发展水平的不同，有的本主庙高大雄伟、金碧辉煌，有的则朴实无华、因陋就简，但通常都是村里较好的建筑。

由于历史的原因，本主庙在20世纪五六十年代损毁严重，有的庙宇被拆除，本主神像被砸烂，有的移作他用，成为学校或仓库。到了八九十年代民间信仰复兴，重建庙宇之风日盛。随着生产力提高，经济状况改善，本主庙也不断被改造与重建，越来越趋于形制完备和规模宏大。现今的本主庙既要满足民众信仰祭祀活动，又要满足由此产生的商业、娱乐、文化等需求，因此雄伟壮观、设施齐全，成为村落的标志性建筑。

以前像"神都"那样供奉着大理坝子最高本主神的本主庙，建筑格局并不算复杂，装饰手法较为单一。可随着经济水平的提升，新近建盖的本主庙往往规模宏大，殿宇巍峨，

图 2-2　大理市喜洲镇庆洞村"神都"模型

气势直逼大雄宝殿。如 2006 年 7 月竣工的宝林寺，建筑面积 1153 平方米，耗资 210 万元；2004 年 9 月竣工的阳南南村本主庙，占地 1.28 亩，耗资 70 余万元，非普通民居可比。2009 年新修复的洱源县邓川镇白洁圣妃庙占地面积 1452 平方米，建筑面积 843 平方米，总投资 400 万元，雄峙于洱源县邓川省级重点文物保护单位德源城遗址。整个建筑青瓦白墙，红柱朱门，饰以白族雕刻、彩绘，气势恢宏，耸立于森森香柏和

039

古老榕树之中，为德源城遗址新添一景，已成为重要的历史文化遗址和旅游景观。本主庙之宏伟气象，由此可见一斑。本主庙里没有专业的神职人员，但通常会有专人或专门组织管理、领导公共祭祀活动。许多村落的老年协会、老人活动中心甚至村委会都会设在本主庙内。据《寺脚村土主庙碑文》所记："寺庙与神像是反映我村的历史也是弘扬和发展民族灿烂文化，新建的综合楼是对我组66户245人进行思想和文化教育和学习，对学习新科学、新技术有一定的空间。"

图 2-3　白王宫苑内的老年活动中心

图 2-4　阳南南村本主庙前祭祀活动

图 2-5　龙凤村洱水祠老年活动中心

图 2-6　北才村本主庙老年活动中心

## 第二节 本主庙的选址朝向

本主庙在白族村落中地位重要，位置突出，其选址建造十分重视堪舆之术，在选址上表现出天人合一、返璞归真、道法自然、无为尚静等特点，往往"相地合宜，构图得体"。本主庙通常根据当地的地理脉络、山川形势、时空经纬来选择基址，大都遵循"侧有护山，后有靠山，前带流水，远望秀峰"的原则，使"近水聚气，山气茂盛，直走近水，凝结为穴"，选址忌低洼之地，白族有首《风水歌》云："建宅需要择地形，背山面水称人心，山有来龙昂秀发，水须围抱作环形，明堂宽大斯为福，水口收藏积万金，关煞二方无障碍，光明正大旺门庭。"所以本主庙通常建在靠山临水、面向本村、高旷向阳、自然环境优美的地方。如大理环洱海地区很多村寨的本主庙往往依托于点苍山、哀牢山、玉案山、者摩山的山势走向，选择良好的地势、地貌、地力和自然采光、通风、朝向良好的基地，形成了"负阴抱阳、背山面水、藏风聚气"的最佳风水格局。这种选址方式很好地适应了高原的自然环境和气候条件，山坡地形能够使建筑显得更加宏伟高大，增强建筑对外部环境的控制力，使人产生尊崇向往之情，体现出天人合一的理念。同时减少了由于寺庙规模扩大而导致有效耕地面积或村落人居面积减小的矛盾，为当地聚落提供发展环境。

本主庙的朝向自由灵活。多根据村落格局形制，通常是背山面水，如苍山以东，洱海以西的民居和本主庙大都是背靠苍山，面向洱海，所以本主庙大都是坐东朝西，如神都、苍山神祠、洱海神祠、宝林寺、将军庙、周城南灵帝庙、周城北景帝庙等皆是如此。洱海以东的本主庙大都是坐南朝北，与周围的民居建筑相协调，如红山景帝祠、大建旁村本主庙、

图 2-7　红山景帝祠

地石曲本主庙等。当然也有例外，有的根据本主庙村庄居所朝向和地理环境，可任意朝向。如挖色镇沙漠庙坐北朝南，大理市凤仪镇乐和村南显圣帝庙坐东朝西，大理市凤仪镇江西村委会大江西灵通庙坐西北朝东南，漾濞县漾江镇安南村委会登头村本主庙坐东南朝西北。最奇特的是本主庙朝向还与本主禁忌有关。相传大理上阳溪本主与庆洞神都本主因争夺"五百神王"大本主地位而产生宿怨，上阳溪本主庙就坐东向西，背向神都，寓意互为仇敌，不相往来。

根据村落位置及布局结构，本主庙的选址大致可以分为宅院型、园林型和山林型三种不同类型。

宅院型本主庙建造于十字街口的村落核心地带，与白族民居院落相类似。这种选址方式使得本主庙与村落空间紧密联系，方便村民祝祷、祭拜，能充分发挥本主庙作为文化信息交流中心和娱乐休闲中心的作用。建筑结构主要以木构架为主，院落由正房、耳房、厢房和照壁围合而成，各个房屋由廊、檐、

第二章 本主庙的历史沿革、选址朝向和布局结构

图 2-8 白族民居中的一坊两耳

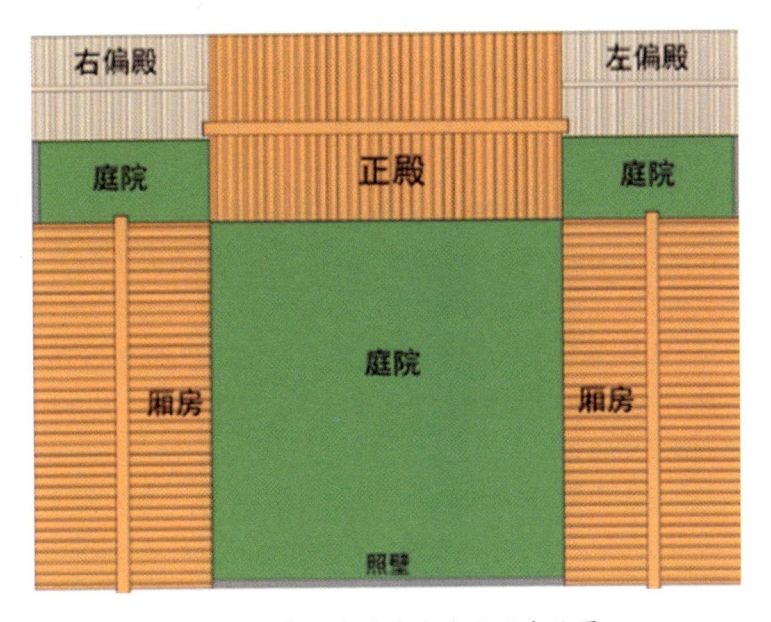

图 2-9 大理白族本主庙平面布局图

043

围屏等相连接,院落与廊檐结合,有良好的遮阴、纳凉、通风、采光等效果,起到调节气候的作用。院墙、门、屋围合的院落形成相对封闭的空间,有效抵挡寒风,阻隔风沙。如大理市银桥镇银桥村本主庙、大理市湾桥镇向阳溪村本主庙、下关镇大关邑村本主庙(白王宫苑),以及剑川县沙溪镇石龙村本主庙都是三坊一照壁的白族民居式宅院型建筑,即一正房、两耳房、两厢房以及一座照壁围合成的封闭式四合院落。

寺庙园林的历史是很悠久的,南北朝时期所盛行的捨宅为寺之风,首先将宅第园林带入了佛寺,东晋慧远所创的佛教净土宗,在庐山建东林寺,又开自然风景式的寺庙园林之先河。道教的教理推崇自然,通常选取环境优美的山林建观修持之所。东晋时创立"十大洞天、三十六小洞天、七十二福地"之说,更将道观建筑普遍地与自然风景区结合起来。祠庙建筑与自然原有不可分割的联系,尤其是纪念先贤哲人的祠庙,为体现其高洁的品德,往往选择园林化的布局及风景优美的环境。所以寺观祠庙园林成为广大市民阶层接触最多的园林[1]。

园林型本主庙通常建造于村头山清水秀、景色宜人的开阔地带。这种选址方式吸取了庭园式民居和世俗园林的布局特色,采取自由灵活的园林化布局方式,常利用一些人工景观、宗教建筑小品以及植物花卉点缀、丰富空间层次,增强空间的穿插、渗透、连续和流动,形成对外封闭、对内开放的庭院空间,打破了宗教空间的沉闷封闭。在尽力确保主殿的显赫地位,尽可能维持中轴对称的程式化布局的前提下,结合不同地形和景观条件,运用中国古典园林中点景的造园手法,结合游览路线,使外围环境融入庙宇中,起到了很好地沟通内外环境景观的作

---

[1] 孙大章. 中国古代建筑史. 第5卷,清代建筑 [M]. 北京:中国建筑工业出版社,2009年,第141页.

用。巧运用，出新意，互相映衬，相得益彰，使得自然景观丰富生动，空间形态富于变化。院中还有亭阁、长廊、水池、小桥、漏花窗、敞厅、假山等园林景观，各种树木花卉常以孤植、列植、丛植、对植、群植等栽植方式，与建筑、水体、庭院等造园要素进行有机搭配。植物以其洒脱的姿态、优美的线条、绚丽的色彩点缀水面和岸边。水中的植物倒影也加强了水体的美感，使水面和物体都变得生动活泼。最终实现庄严肃穆的宗教空间与活泼灵动、生趣盎然的园林空间的有机融合。

大理市湾桥镇下湾桥村本主庙坐西向东，为两面开放的园林型本主庙。两房两耳、一照壁、一门楼，门房内有牵马人，无墙，两面开放，由树木花台自然围合。温婉馥郁的庭院，舒展平缓的体形，平易近人的体量，都使得本主庙建筑更多地显示出一种安详亲和的气氛。整个建筑群充满幽雅质朴的诗情画意，与自然山水交相辉映，宗教色彩和园林气氛都十

图 2-10　下湾桥村本主庙

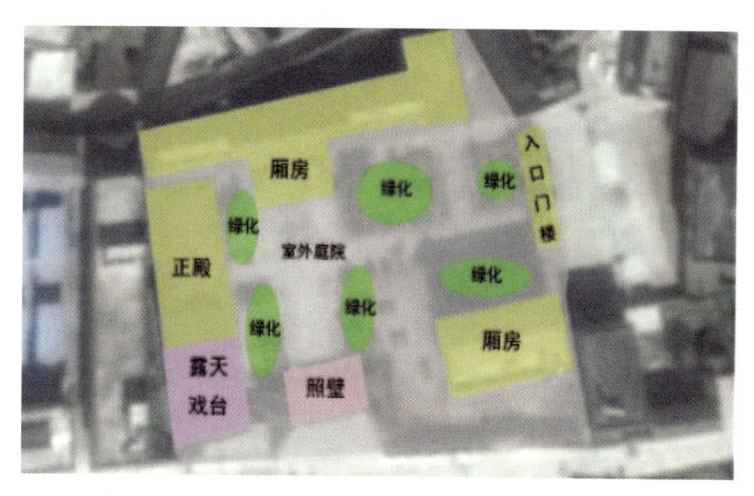

图 2-11 下湾桥村本主庙的"园林型"空间布局

分浓厚，表现出神圣与现世情调的和谐，突出了中国传统伦理精神和宗教文化追求平衡、自持、安静的审美心理。

位于大理市下关镇龙泉村委会打鱼村的福圣庙，庙门正对村中大青树，院内四季常青，花卉繁密。有大殿、耳房、厢房、雨亭、楼阁、巨石等，既有大体上中轴线的控制，也有从规则形式到自然形式的过渡，充分利用点景、借景、障景、虚景等手段组织空间；利用四季气候植物变化丰富景观层次；利用楹联匾额、碑铭石刻深化主题，以传统文化艺术和宗教手段渲染山水意境，使得宗教建筑与自然环境充分融

图 2-12 打鱼村福圣庙

合，同时还具有曲折空间的穿插，建筑各局部间的矛盾对立，获得整体形态的和谐完善，从而形成"首尾圆合、条理贯通、千变万化又统一有序"的有机整体，体现了中国古典园林建筑"美在意境，虚实相生，以人为主，时空结合"的思想内涵。

本主神在白族村民的心中至高无上，白族人常说："生是本主的百姓，死是本主的阴兵。"因此他们认为民居的高度超过本主庙是对神的大不敬，不仅可能招致不祥，也往往会遭到其他村民的诟病。本主庙作为神灵的居所和人们感恩祈福的去处，常建造于离村寨数百米、地势较高的山麓地带，形成山林型本主庙。前临绿水，背靠山峦，面朝本村。这种选址方式将建筑融入自然肌理之中，周围宽敞空旷，松柏掩映，环境优美。山林型本主庙十分讲究"来龙去脉"，寻山势而走，依山就势而建，借山之势，顺地势、现清静，与山体气运相合。山势挺拔，群峰层叠，百转千回，苍松翠柏郁郁葱葱，名花异木香气馥郁，达到本乎自然，生气涌动的审美意境。主要依靠自然山水的景观，山林环绕，依山傍水。人工造景相对较少，故借景较多，可以使视景更加丰富。庙宇无须特别配置园林绿化，而是借用天然布景就能突出"深山藏古寺"的宗教神秘感与庄严感。以建筑美化环境，以人工点染自然，空间处理疏朗灵活，讲究"虽由人作，宛自天开"的意境。建筑群在水平与垂直方向同时展开，相对平地建筑拥有更为丰富的层次。达到远借百里于眼前，近观咫尺于目下的效果。

山林型本主庙多以蜿蜒曲折、层层抬升的香道开篇起景，山门、照壁承景，利用高差，壮大殿宇形象。殿堂布置层叠错落，高低起伏，环境清幽，很好地创造了宗教氛围。寺庙掩映于丛山密林之中，或隐或现。丛林中曲径通幽，光线柔和，空气清新。在高天流云、深涧清流、莺飞草长等自然万象的变化流转中，呈现出生机蓬勃、欣欣向荣之景象。迎合了宗教超凡脱俗、庄严肃穆的静谧气质，凸显出寺庙的悠远深邃、清幽神圣之气。

为了取得更好的环境效果，山林型本主庙往往在尽可能保持宗教空间基本格局或基本维持宗教空间中轴对称的同时，结合具体的地形与景观条件，以顺应地形、因地制宜，由于地势不允许，不方便，或是避开某些风水不佳的地域，表现出灵活多样的布局形态。通过整齐规则的空间与自由、曲折、不规则的空间气氛的强烈对比，打破了单调的空间氛围，丰富人的空间感觉对比与等级，使建筑空间显得有变化，有层次，有深度，满足了实用与造景两方面的需要。未经建筑和园林手段开发的自然空间，为园林艺术提供构景的山水骨架和优美的景观素材，明朗清幽，自然质朴，使得自然景观与人文景观交相辉映。山林型本主庙常常借空间尺度的强烈对比体现本主大殿的雄伟气势，给人以宏大的视觉感受，进一步烘托了宗教气氛。把体量高大的主体建筑布置在较高的地段上，将体量较小的次要建筑布置在前面，用众多低矮的次要建筑来衬托主体，从而突出主体，形成主次分明的建筑群落。庙内空间紧凑，横向铺陈与纵向延伸相结合，形成起始、承接、转折、收合的完整序列，构成了本主庙有头、有尾、有始、有终、有变化、有高潮这样一种完整的结构形态。

如鹤庆西山本主庙背靠九鼎山，面临西龙潭，茂林修竹，古木参天，是一座山林型复合本主庙。庙宇依山而建，坐东向西，随形就势，以香道和丛林为前导，香道既是通往山林中本主庙的道路，也具有强烈的象征意味，可用以酝酿信众的宗教情绪，加强虔敬之意，激发游客的游览兴致。既有顺应地形、迂回曲折的自然式香道，也有建筑性较强的台阶式香道。西山本主庙为中轴对称的布局形式，前院有门楼、戏台，过厅为敞开式建筑，中院核心是本主大殿，穿过中院进

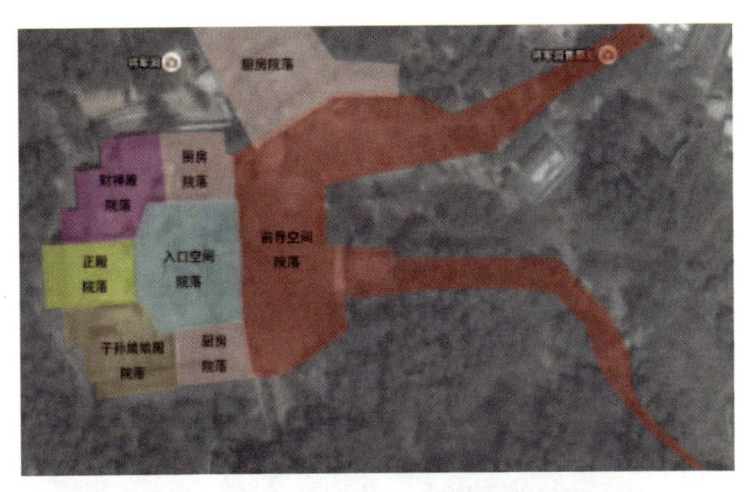

图 2-13　将军洞本主庙的"山林型"空间布局

图 2-14　将军洞正门前牌坊

入后院，后殿为佛殿，中央供奉三世佛，两侧为南北厢房。通过自然环境结合景观处理，变朝山拜佛的香道为景观序幕，变自然景观为园林景观，从而使佛寺周围的自然环境空间，

图 2-15　将军洞正门入口前导空间

成为园林化的观赏空间，更丰富了寺庙环境。

　　声名显赫的将军洞是典型的山林型本主庙。将军洞也称将军庙，建于苍山十九峰之尾峰斜阳峰麓，坐西朝东，依山去势，傍山林幽静之处，穿过长长的香道来到石牌坊前，看见 400 年树龄的大青树郁郁葱葱，立于庙门前。大青树又名"万年青"，根深叶茂，树冠遮天，象征着宗族村落的悠久历史和繁荣昌盛，兴旺发达。整座庙宇由东至西依次排列，庙为三进院，第一进是门楼，为一高两低三滴水式牌楼建筑，门楼上层本为戏台，因长期不用，修缮时为加固门楼用木板将四面围合，成为一座阁楼；第二进为八字楼，中间有过厅重门与过厅，两旁有侧院；第三进是本主大殿，五开间单檐歇山顶建筑，檐下有宽敞的回廊，总宽 18 米，是大理地区规模最大的本主大殿之一。院内有漏花窗、隔断矮墙分隔空间，层层建筑起落有序，巍峨的牌坊、门楼、殿宇、飞檐翘角、雕梁画栋，掩映在青山绿水之间，形成主次分明、错落有致的群体序列。院外树木丛生，百草丰茂，山间有观景长廊蜿蜒而上，有亭台楼阁可以近观瀑布飞流直下。山间多松柏，群山苍翠，空谷环抱，古树垂萝，鸟鸣山幽，更显其巍峨，葱郁，又多流泉飞瀑，故而不乏灵秀与缠绵，缥缈变幻的云雾则平添几分神秘与深奥。庙宇与山体结合自然，在空间序列的组织上富于节奏感和起伏感，各部分相互依托，相互照应，形成了结构合理，逻辑清晰的庙宇空间形态关系。

## 第三节 本主庙的布局结构

建筑布局最能直观地反映建筑理念与文化。在布局形制上，本主庙建筑布局受白族民居建筑的影响较大，因地制宜，科学合理，讲究"物为我用，天人合一"。有的村邑建的是"三坊一照壁""四合五天井"式本主庙，有的建的是"单坊式""一房两耳""两房一耳"等形制略小的本主庙，结构严谨又不失大气，多采用对称式布局，给人一种均匀得体的视觉美感。在规模和格局上，本主庙大致介乎于原始宗教建筑和佛寺道观之间，既不像前者那样朴素、简单乃至粗陋，也不如后者那般气势恢宏，富丽堂皇。本主庙的空间布局与外观造型既有典型的格局，同时又能按地形条件等具体情况而灵活布局，体现了程式性与灵活性相结合，共性与个性相统一的特征。

目前存留的本主庙大多以明清民居建筑布局形制为范本。除了少数一庙一屋的单坊式本主庙，多数形制完整的本主庙一般由本主大殿、配殿、耳房、戏台、门楼（或戏台和门楼合二为一）、照壁、碑亭、天井等部分构成合院式建筑。

一般采用白族传统的土木结构殿宇式建筑，前戏台，后大殿，左右两边有厢房，其建筑结构多为穿斗式和抬梁式，以不同的构架形式适应不同的结构功能。正殿多为抬梁式，以减少室内柱数，扩大空间，增加采光度，提高使用率与灵活性。偏殿则多为穿斗式，以加强稳定性，提高屋架的防风抗震功能。松木为梁，直木为椽，盘石砌基，土基垒墙，屋顶覆以板瓦、筒瓦，用石灰粘合，墙面全用石灰粉刷成白墙。

单一型本主庙基本采用合院式布局，以院落的形式出现，一般采用与民居相同的布局形式，多由大门、大殿、两厢及耳房相互围合，联接组成合院式建筑群，形成"三坊一照壁""四合五天井"的平面布局，同时借鉴了佛教寺院和道观庙宇的建筑布局。复合型本主庙可以围合成两进或三进多院纵轴展开的重院结构，院院相套，层层递进。有的本主庙中还另设有亭榭、花园、假山、鱼池、桥梁等园林景观；有的在庙门位置设有过厅或门房，有的在与大殿相对处建有大照壁。这种布局强调庙宇内部各建筑单元的组合呼应以及院落本身的整体性，利用有机的、协调的建筑群体的重复与再现获得秩序与统一，利用照壁来收束视线。建筑布局显得井然有序，有利于信众举行以偶像崇拜和诵经、祭祀为中心的宗教娱乐活动。具有均衡、稳定、向内聚合等特点，并具有一定的象征意义。有的还建有花坛，种植松柏、山茶等，富有浓郁的民居庭院气息，俨然就是本主神的私家别墅。本主好像就是"我家的老人"，这是人神共居之所，宗教建筑与普通平民乃至万物生灵之间均是零距离的接触关系，相生相融，而实现着"和谐共生，其乐融融"的宗教信仰理念。

如大理市下关镇阳南南村本主庙是典型的白族民居合

院式布局，坐西向东，门楼与戏台合二为一，一房两耳，其他由围墙围合，大门外设有大照壁，布局严谨，聚向性强。本主庙四周都是白族民居，村与庙和谐地融为一体。占地面积仅1.28亩，但寺庙布局井然，结构紧凑合理。

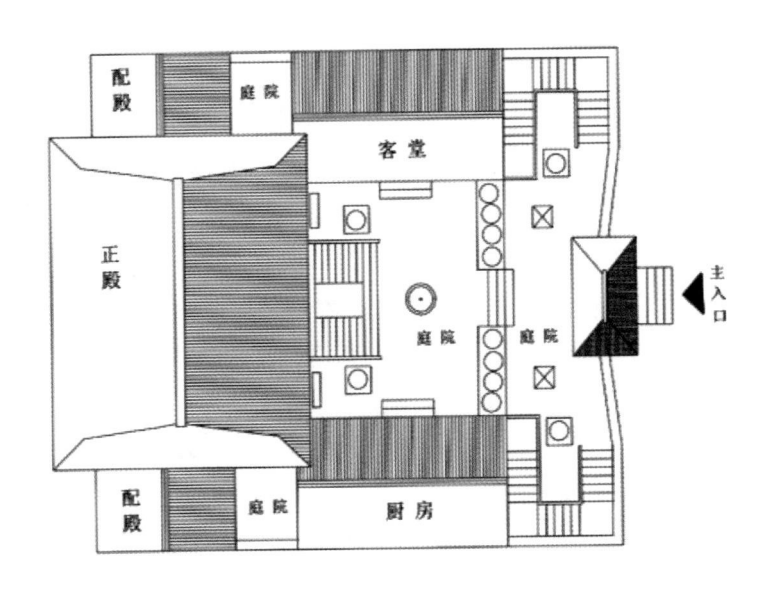

图 2-16 阳南南村本主庙：单一型本主庙

大建旁村本主庙坐落于洱海北岸双廊镇，坐东向西，大门正对碧波荡漾的洱海，大殿为三开间单檐歇山顶式建筑，檐下有回廊，殿前两侧建有厢房，左右建有两间单檐耳房，门楼为"二合一"式三滴水门楼，是典型的门楼、戏台、两厢、两耳和大殿呈对称布局的四合院本主庙。

大多数单一型本主庙都是闭合性合院式布局，当然也有例外，大理市湾桥镇下湾桥村本主庙两面开放，由花台、树木自然围合。洱源县乔后镇文开村本主庙三面有墙，一面无任何遮挡。大理市大理镇龙龛村本主"迎风勒马景庄皇帝"

053

是南诏王蒙世隆，他与相邻的丰呈庄女本主"懿慈圣妃阿梨帝母"阿兰是情侣，所以丰呈庄本主庙没有北墙，以方便他们往来。

规模较大或有重要意义的本主庙建筑群多采用纵轴式布局，采取统一而主次分明的中轴对称的布局方式：由巍峨高耸的主体建筑串联在中轴线上，沿纵向中轴线对称展开，轴线两侧对称分布相对低矮简易的附属建筑。将院内各主要殿堂布置在一条纵轴线上，从而形成三进两院或三院的建筑，高低错落，主次分明；左右对称，有条不紊；尊卑有序，秩序井然。布局特点是重点突出，等级森严，对称规整，强调轴线，以程式化的布局方式，体现高高在上的神权。这种序列式的轴线沿纵深关系单向指引，具有明显的方向指引性，可以引导信众有秩序、有层次地穿越庙宇，层层递进，渐次深入，更有利于宗教情结的蓄势待发，激发出人们对神灵崇拜、敬畏幽冥之情，以达到信仰朝拜的情绪顶峰。如白王宫苑，即大理市下关镇大关邑村本主庙，为三进两院中轴对称式布局，由大门、戏台、过厅、大殿和两厢房组成。保留了清同治十三年（公元1874年）重修时格局，本主庙总占地面积2448平方米。进入大门，穿过过厅，来到本主大殿前，大殿为三开间单檐歇山顶建筑，随形就

图 2-17　阳南南村本主庙正殿　　图 2-18　大关邑村本主庙正殿

势，渐次升高，自然形成雄浑开阔的视觉效果，处于最有力的支配地位。大殿地势本就高于前殿，再建于高台基上，雄伟的大殿更是高高在上，这种出人意料而又合乎情理的布局设计，更加烘托出殿堂的雄伟、神圣、隐秘感，给人产生一种威压感，更让人觉得本主神神圣不可侵犯。轴线上的梯阶使院落层层递进升起，使终端院落形成雄浑开阔的视觉效果，处于绝对有力的支配地位。其宏大而壮观的建筑规模，完整而规则的空间组织，严谨而缜密的布局构思，使建筑显得更加理性、庄严、崇高。

本主庙与文庙、武庙、龙王庙、山神庙、土地庙、玉皇阁或观音阁合建的情况十分普遍，形成复合型本主庙。因民众信仰所需，本主庙内儒、释、道三教一堂的情况很多，庙内既供奉本主神也供奉城隍、土地、观音、韦陀、如来、弥勒、玉皇等十方诸神，祀神格局无一定规范，所以建筑格局也十分复杂，往往形成散点式布局。此种布局无明显的中轴线，以散点灵活的布局形式，随形就势，自由灵活地布置各类建筑，体现了"构图无格，贵在不羁"的特色。依山临水而建，为适应山势环境往往采取分层筑台，将楼、阁、亭、榭、坊、游廊等建筑分别布置在各级台地上，层层跌落。利用轴线转折、小品过渡及导引标识使建筑形体完全依附于地形的起伏变化，因地制宜，各自独立但又相互联系，自由分散但又整体统一，呈现出来的是极具特色的建筑群整体形象。因陋就简，各个建筑充分适应地形，最大限度地利用有限空间。在适应的过程中发挥自己的个性，没有严格的规范，体现出自然有机的空间秩序。这种布局形式的最大特征是各个组成部分间无明显等级差异，单体间相对独立，相互之间受到的限制较少，因而整体布局自由，灵活多变。对地形的适应能力较强，能使建筑很好地融入环境当中，在坡度大、地形复杂的山地环境中尤其具有优越性，便于分期建设和可持续发展。既适应了地形，又利用风景面，充分发挥其地形优势。把宫观庙宇散点布置在峰、峦、坡、谷、崖、涧的合适位置上，体量合宜，造型得体，以风景环境为主，各建筑处在相对独立的风景中，自成空间。

如剑川县沙溪镇鳌凤村本主庙因地制宜，因势利导，随机应变，颇有特色。沿山道拾级而上，先修有一座龙王庙、山神庙，再往上便能看到树木掩映中的庆慧庵和本主庙，皆为坐西朝东。本主庙为戏台与门楼二合一，一正殿两厢房，中间有一敞厅，门房内有牵马人的合院式建筑。庆慧庵采用佛教伽蓝七堂式布局法。重山复岭，迤逦杂沓，苍翠满眼，已令人应接不暇，愈进则愈奇，愈奇则愈秀。据《剑川沙溪庆慧庵、本主庙碑记》所载："庆慧庵、本主庙位于本村后山岭麓，是沙溪至弥沙西城茶马古道必经之地。四周地面平坦，青松翠柏，古树成林，寺内三百余年的紫薇古树历经沧桑，寺边玉水环绕，水流潺潺，居高临下，俯瞰沙溪坝子，田园风光尽收眼底。是集宗教信仰、耕读养生、文化休闲的好去处。……庆慧庵始建于明末，后于民国十二年检修，其门楼修立于民国二十七年，六十年代毁坏严重，1981年抢修庵堂，重塑佛像，宗教文化及本主祭祀活动得以延续。……本主庙原建于本村舍北岭下，光绪二十三年乔迁于庆慧庵南侧，后于1984年4月检修并历年完善，全村邑民每逢佳节，婚丧嫁娶、生子取名、建房告竣等事宜均祈求本主护佑，平安吉祥。"这种非对称的均衡布置使高耸或成片的建筑群之间取得均衡之势，而形成了有主有次，有虚有实的自由式布局整体。

图 2-19　鳌凤村山神庙　　图 2-20　鳌凤村龙王庙

图 2-21　鳌凤村本主庙正殿　　图 2-22　鳌凤村庆慧庵正殿

大理市湾桥镇古生村本主庙，名为"水晶宫"，是一座"三坊一照壁"式的白族民居式四合院。本主庙正对面是一座建于清同治六年（公元1867年）的古戏台，戏台与庙之间有一长80米、宽35米的长方形广场。广场中央是白族村落的标志：古老的大青树。这里是村民休闲、娱乐、集会的最佳场所。本主庙的南侧是福海寺，戏台既是本主庙中轴线上的重要建筑，也是福海寺的重要附属建筑。它们就成为一个完整的古建筑群落。

福海寺为一进两院，由大门、过厅、两厢、大殿组成。且雕琢甚精、供奉繁复。前院供奉的是佛教四大菩萨之一文

图 2-23　古生村本主庙：复合型本主庙

殊菩萨。在道教中称文殊广法天尊，是在大理地区除观世音菩萨外最受尊崇的大菩萨。后院供奉的却是道教始祖老子和儒学之至成先圣孔子。三教一处，共享烟火。整个建筑群空间布局灵活，建筑形制多样。空间序列变化丰富多变，空间节奏富于韵律。远观磅礴大气，细看儒雅细腻，形成有头有尾，有始有终，有变化，有高潮，完整的空间环境。文化底蕴丰富，个性特征鲜明而又多彩多姿，极具艺术魅力。是中国传统建筑与地方特色结合的典型代表，蕴含了深厚的历史价值和艺术价值。

总之，大理白族本主庙历史悠久，可追溯到南诏国时期。本主庙在选址朝向、布局结构和建筑装饰方面均有非常鲜明的地域特色、艺术价值和人文价值。本主庙的选址建造十分重视堪舆之术，常根据当地的地理脉络、山川形势、时空经纬来选择基址。朝向自由灵活，坐东朝西、坐西朝东、坐南朝北、坐北朝南皆可。根据村落位置和布局结构，本主庙的选址可以分为宅院型、园林型和山林型三种不同类型。本主庙的建筑布局受白族民居影响较大，单一型本主庙基本采用

图 2-24 古生村福海寺

图 2-25 古生村本主庙水晶宫

合院式布局；规模较大或有重要意义的本主庙多采用纵轴式布局；复合型本主庙往往采用散点式布局，遵循了"有机整体美、错综变化美、多样统一美"的中国传统建筑布局的审美原则。使得本主庙建筑与乡土村落建筑、天地、山水、花卉名木共同组成一种富有文化底蕴的乡土文化景观。比起城市建筑与佛寺道观，更具有民族性、地域性与原创性，建筑装饰也更为活泼而多姿。

# 第三章 大理白族本主庙的装饰部位

建筑是一种介乎于审美和实用之间的艺术形式，在建筑艺术中建筑是主体，装饰是载体，两者相辅相成，缺一不可。如果说建筑是一部凝固的历史，其装饰部分就是这部史诗的细部表现，它为建筑艺术增添了血和肉，从而使建筑整体更具生命活力。装饰是建筑的深入设计，离不开立意、材料和手法的运用。只有借助各种各样装饰艺术的表现手法，才可能成为观赏性与功能性齐备，形式感与实用性兼具的真正的艺术形式。建筑装饰主要包括建筑物的表面装修和建筑环境的装点，是在建筑设计的过程中结合建筑的造型、结构对建筑的空间、结构、界面进行装饰美化。建筑装饰是依附于建筑实体而存在的一种艺术表现形式，与建筑造型密不可分，具有保护主体结构，美化装饰和改善内部环境条件等作用。主要是采用雕、彩、绘、饰等手段使建筑物完成形、色、质的统一审美要求。建筑在满足功能的前提下，靠适度的装饰达到形式上的完美。

建筑装饰是文化融合在建筑上的具体表现形式。它能够表达建筑的主题思想，深化建筑的艺术内涵，反映建筑的文化和时代背景。经过装饰的建筑内涵丰富，形式多样，色彩炫目，沉稳而不失动感，庄重而不显呆板，在实用的基础上将人们引向一种审美境界。所谓"技与艺和"，装饰艺术与建筑的完美结合体现了"工"与"艺"的融会贯通与高度统一。建筑不仅是意志的技术表达更是一种诗性表达。当装饰附属于建筑时，就表现出建筑文化的特征。从装饰的内容及形式上就能反映出不同民族与地区的建筑文化特征。而建筑以其自身的特性承载着装饰，反过来装饰又美化了建筑。

本主庙是村民集资修建的，具有浓郁的民族性、地方性特色的民间信仰祭祀场所。它兼具宗教建筑与民间建筑的双重性格，成为建筑和文化艺术融为一体的宝贵遗产，它不仅是祭祀对象的安息之处，更是信众顶礼膜拜和祈求祷告的地方，这就使它具有至高无上的神圣性质和区别于一般世俗场所的神秘气氛。它是白族人民与神灵沟通祈福的场所，整体建筑造型独特，色彩艳丽，工艺精湛，功能齐全，庙宇建筑群显得宏伟、壮观、凝重、辉煌，给人以庄严、肃穆和神秘的感觉，充分体现了白族人民的艺术成就和智慧结晶。它是中国传统祭祀文化的活标本，也是中国传统建筑宝库不可分割的一部分。

一座完整的本主庙通常以院落为基本单位，砖石结构与土木结构相结合，由门、楼、殿、堂、亭、阁、台、榭、廊、墙等单体建筑组成。在本主庙中"凡目光所及之处皆有装饰"，简直可以用"铺天盖地"来形容，其装饰艺术具有多层次、多形态、多风格、多材质、多种类的特点。从建筑屋顶的脊饰、吻兽、飞檐、翘角，到檐下的额枋、梁架、雀替、斗拱、门窗、匾额、对联、檐柱、柱础，墙垣上的围屏、墙裙、山花以及台基、栏杆和踏垛上的路斜等部位遍施雕彩，无不寄托着人们的审美理想，反映着人们的审美趣味。装饰艺术作为本主庙建筑的审美符号已经深入建筑艺术的每个角落，生动、形象地诠释了本主信仰和白族文化，成为本主文化的一种表征方式和物化形态，它借助想象和直觉的手段把特定的宗教信仰意识展现给信众，陶冶和强化着参加祭祀仪式的信众的崇拜心理，通过象征、审美的途径把信众导引向神圣的境界。始终以人间性、世俗性、实用性、民族性为其基本形态和主要风尚。

## 第一节 门楼与戏台

门楼即为"门脸",是"面子工程",所以门楼向来是建筑装饰的重点部位之一。白族民居的门楼通常使用有厦门楼和无厦门楼两种,有厦门楼俗称"三滴水"门楼,气宇轩昂、装饰繁复,但耗资巨大;无厦门楼简洁质朴,装饰朴素,厉行节约。白族普通民居多采用无厦门楼式,而本主庙为宗教建筑,合一村甚至数村之财力,可谓财大气粗,因而十分注重门楼的建造规模、形式、色彩与材料的选用。

本主庙门楼一般为有厦门楼,即民间所说的"三滴水"门楼。其整体造型源自三开间的牌坊风格,通常保留一高二低的屋檐形式,尖长的翼角高高翘起,下开圆门或方门,两侧稍低的檐口支撑在墙墩上,中间高起的屋檐横跨门洞。檐下斗拱装饰或为木质,或为瓦质泥塑,纯属装饰物,以增强壮丽气势。并有斜拱衬托,密密层层,结构繁复,充分体现了结构严谨,雕刻精细,气势宏大,格调明艳华美的艺术风格。"三滴水"门楼又可细分为民居式大门、楼阁式门楼和"二合一"式门楼三种。

第一种,民居式大门。这种大门形式与白族民居的大门极其相似,在本主庙建筑中也最为普遍,如大理市寺脚村、福星村、深长村、石屏村、温泉村、仁里邑、河矣村、地石曲村、下作邑村、阳南南村以及洱源县莲河村、邑尾村、剑川县鳌凤村、石龙村的本主庙大门都是这一样式。大门与墙面紧贴,墙中留出门洞,门上加盖一高二低三滴水门头,上盖瓦顶,飞檐翘角,起翘夸张,弧度较大,斗拱层次较少。横枋以上分格彩画,下开圆门或方门，造型简洁，造价较低，却不失优雅。如寺脚村本主庙大门为橙色琉璃瓦顶，飞檐翘角，出角高远，顶上有吻兽、脊兽，鸱吻高高翘起，光耀夺目，装饰效果强烈。檐下三层斗拱，斗拱下横枋分格雕饰，枋下有圆形门洞，方形门框，上半部形成一个半圆，白灰粉底，拱券上饰双龙戏珠与山水花卉，大理石门匾高悬，上书庙名"土主庙"，两侧分格装饰有名言警句和各式图案画，翼墙用海东青山石垒砌，翼墙下转角处为"金包玉"，整座门楼与民居大门极为相似，让人感觉无比亲切，进门有宾至如归之感。

图 3-1　大理市寺脚村本主庙大门

图 3-2　大理市阳南南村本主庙大门

图 3-3　剑川县鳌凤村本主庙大门

图 3-4　洱源县莲河村本主庙大门

第二种，楼阁式门楼。这种门楼一般采用殿阁造型，三开间重檐歇山顶式，檐面宽阔，殿顶巨大，飞檐翘角，檐角起翘很高，出角深远，弧度优美。以木质斗拱、石质斗柱或小柱出挑，密檐排布，再以木雕、石雕、堆塑、彩绘、大理石屏、凸花青砖等组合成丰富多彩的立体图案，显得雍容华丽又不失古朴大方。檐下有多层斗拱和花枋层层出挑，镂空花枋分格彩绘，装饰繁复，遍施雕彩，几近夸张，分格彩绘，题诗作画，无所不包。檐下门洞以内还有过厅，两旁有门房，或储物或塑牵马神，门上有楼厅，左右两侧和顶棚皆成为装饰场所，雕饰精美，色彩缤纷，其繁华热闹的景象令人目不暇接。规模宏大、形制完备、规格较高的本主庙多为这种类型，如将军庙、神都、官圆堂、福圣庙、白洁圣妃庙等。

将军洞门楼为三开间门楼，中间高，两边低，尖长的翼角起翘夸张，每个翼角下都雕有一只展翅翱翔的凤凰，五彩斑斓。飞凤旁绘有卷云、卷草、如意、花卉等纹饰，飞檐下木雕斗拱有六垛六跳，并有斜拱衬托，看上去像藻井斜拱那样密密层层，华丽异常。下层斗拱较中间高耸部分轻巧，为三垛三跳，外饰五彩，斗拱以下是重重镂空的花枋和花罩，雕有花草树木和各种瑞兽灵物，有双龙戏珠、丹凤朝阳、狮子滚绣球、鹿鹤同春、五色祥云、花开富贵、八宝莲花等等。沥粉贴金并施以五色油漆，像盛开的花朵聚簇在屋檐下，富丽堂皇、极尽华妍。正中花罩以内悬挂木质牌匾，披红挂彩，上书"唐李公之庙"五个大字，右侧花罩内花窗上方镶嵌一方大理石碑记，为"大理市重点文物保护单位：将军洞碑记"，兼具纪念功能与装饰属性。门楼楹柱上悬挂木刻对联："登苍峰眺龙王雄姿悠悠琼瑶阁，临古寺览斜阳胜境处处鹦鹉洲。"门框上亦悬挂木刻对联："几经风雨熙熙去客且看志士建苍山；数历沧桑攘攘来人独叹将军丧洱海。"雕工精美，书法飘逸，文辞贴切。在翼墙的砖砌格框内绘有人物花卉、水墨山水和名人佳句，把一座门楼装饰得五彩缤纷、琳琅满目、美不胜收。

神都门楼为一高两低三开间门楼，也是楼阁式门楼的典型代表。青黑色瓦顶上饰有脊兽，鳌鱼尾巴高高翘起，无脊刹，却在正脊处有镂空龙凤图案并彩饰，使得整个屋顶棱角分明，立体感强。中部檐角翘起，檐下有飞凤展翅翱翔，凤下有玉兔欢腾跳跃，三层斗拱重叠，直至花枋花罩，繁杂纤巧，色泽明艳。枋上多彩绘，有卷草、卷云、如意、牡丹、铜钱等，彩饰以蓝、绿色打底，红、白、金色勾勒图案，对比度极强。花枋上分格绘有喜上眉梢、花开富贵、龙凤呈祥、寿桃、葡萄、山茶、白兔等图案，其内容和形式都不同于中国传统建筑装饰中的和玺彩绘、旋子彩绘或苏式彩绘，色彩浓艳，乡土气息浓郁，表现出极强的民族性与地域性。而花罩上饰有双龙戏珠，"珠"即为照明电灯，构思巧妙，形式新颖，可以看出艺匠全然不顾

图 3-5　将军庙门楼

图 3-6　庆洞神都门楼

中国传统梁枋建筑图案中既定的彩绘法式，而是任凭想象力驰骋，别出心裁，自创一格。门头上悬挂"神都"牌匾，大门上绘有巨幅门神，顶天立地，双目圆睁，神情夸张，色泽鲜丽，门楼两侧另盖有门房，其内塑有牵马神形象。

　　第三种，"二合一"式门楼。这种门楼是大门与戏台合二为一的一种建筑形式。其特点是将大门与戏台连为一体，戏台底部架空为门洞，供人们出入，本主正殿与戏台相向而立，大屋顶，高台基，门楼两侧还有辅助性建筑与门楼紧密相连，这就使得整座门楼气势雄伟，规模宏大。两层楼阁飞檐翘角，外加左右建筑的檐角，十二个檐角起翘优雅，错落有致。再兼鸱吻、脊兽的装饰，两层檐下斗拱、斜拱、花枋、横枋、雀替、昂嘴、飞凤一应俱全。构思精巧，层次丰富，刻画细腻，形象鲜明，色彩斑斓，显得整座门楼体魄雄伟，气势非凡，既写实又富于装饰性，风格独特，设计感强。丰富优雅的门楼和戏台构成生动多样的形态空间，富丽而不失乡土气息的雕塑与绘画更显建筑群的繁华热闹。如宝林寺、红山景帝祠、白王宫苑、太和村本主庙、大建旁村本主庙的门楼都采用这一形式。

宝林寺门楼为三开间歇山顶两层楼阁式建筑，门楼与戏台合二为一，为典型的三层重叠式装饰，规格宏大，雕镂华丽。正面看为雄伟宏大的三开间门楼，背面看为正对本主大殿的戏台。门楼为黄色琉璃瓦顶，琉璃瓦表面光滑，光泽度高，质地坚硬，防水性强，装饰效果明显。正脊上饰有鸱吻、宝瓶脊刹，并有琉璃瓦镂空堆叠而成的棂花图案，飞檐翘角，翼角下有展翅翱翔的凤凰，角上挂有铜铃，在风声中叮铛作响，铃音清越。翼角下有亭台装饰并分格作画，檐下均设有花枋，三层出挑，分格雕刻彩绘，饰有"道家八宝"图案，素净典雅，秀美端庄，无结构支撑作用，纯为装饰，雀替上雕有卷草纹、牡丹图和文房四宝，柱础为云灰色大理石，雕为鼓形。立柱上贴有红纸对联："苍山宝林寺胜景；德佛恩赐给平安。"门框上悬挂木刻对联"幸逢盛世古寺换新颜；圣恩无疆白乡保平安。"门楼前有石狮把门，两侧有牵马神守护，牵马神身后，门洞两侧绘有巨幅山水壁画，高山仰止，松涛阵阵，让人心生无限向往之情。

白王宫苑门楼为三开间歇山顶两层楼阁式建筑，门楼与戏台合二为一。灰瓦顶，正脊、垂脊、戗脊上竖瓦拼装成各式几何图案，层次分明，立体感强，正脊两端十二个砖雕鳌鱼，尾巴高翘，造型别致，形态生动。垂脊两端饰砖雕花草图案，高低错落，形状优美，十二个飞檐翘角下皆有木雕彩绘展翅翱翔的凤凰。檐下额枋、花枋、花罩一应俱全，均精雕细刻，门楣上高悬汉白玉横匾，上刻"白王宫苑"四个楷体大字，阴刻绿漆，匾上披红挂彩，庄重大方。门洞两旁绘有鹿鹤同春壁画，工笔彩绘，细腻生动。门楼两侧的翼墙上白灰粉底，

第三章 大理白族本主庙的装饰部位

图 3-7 宝林寺门楼正面

图 3-8 宝林寺门楼背面

图 3-9　白王宫苑门楼正面

图 3-10　白王宫苑门楼背面

墨线勾勒画框，装饰四角，给人以清清白白、简洁大方之感。门框上悬挂黑底金字木刻对联："往昔勋名重棼诏，而今俎豆在龙关。"歌颂本主功绩，门楼前有一对大理石雕刻的狮子把门，威武雄壮，气势不凡。

　　本主庙不仅是酬神、祀神的宗教场所，更是乡民丰富的民俗生活和民间文化的展演舞台。民间祭神的目的是取悦、讨好神灵以换得庇佑，所以民间祭祀的方式主要依靠歌舞、音乐表演。本主庙是民间庙会与娱神活动的集聚中心，戏台则是其中的焦点。文艺演出可以调和、拉拢、疏通人与神之间的关系，演出的过程可以制造人神共娱的轻松愉悦气氛。于是以戏台为中心，形成了一个神性和俗性文化共生，宗教信仰和民俗活动紧密结合且不可分割的空间结构。因而戏台本身也就成为备受瞩目的对象，它成为能工巧匠挖空心思、精心装饰的场所。根据戏台与门楼的关系，本主庙戏台可以分成两种，一种是"二合一"式，另一种是独立式。本主庙内多为"二合一"式戏台，本主庙外位于广场上的多为独立式戏台。

　　第一种，"二合一"式戏台。即门楼与戏台紧密相连，合二为一，正面为门楼，背面为戏台。戏台一般呈"凸"字形，戏台下方为进出通道。为了便于行走也方便观众欣赏，戏台常常是高台基、大屋顶，三面敞开，背靠门楼，面朝本主大殿，娱神的象征意味明显。门楼与戏台布局紧凑又趋于灵活变化，简洁疏朗又显得端丽流畅。如大理市苍山神祠、红山景帝祠、宝林寺、白王宫苑、太和村、七邑村以及剑川县石龙村本主庙的戏台都是这种形式。

　　大理市大理镇苍山神祠戏台坐南朝北，正对本主大殿，为砖石结构，下为三开间柱撑式台基，由八根短柱支撑板材而形成台基，中间开门，供行人进出，上为戏台，前檐石柱

图 3-11 苍山神祠戏台

上刻对联,年深日久,已经模糊。檐下横枋上有双龙戏珠彩绘,箍头两端有文字装饰,白底红字:"风花雪月""福禄寿喜"。戏台天花板石灰粉白,绘有团莲图案,有天花无藻井。戏台简洁大方,实用性强。

大理市双廊镇大建旁本主庙戏台始建于清康熙三十一年,重修于 2006 年,为单檐歇山顶,造型优美,出檐平远。正脊两端有鳌鱼装饰,正脊、垂脊上竖瓦拼装、雕饰成福禄寿和花卉、动物等吉祥图案并彩绘,分上下两层,下层为腔体式台基,四周砌矮墙,前后留有门洞,矮墙上面覆盖木板、石板。门洞两侧绘有水墨壁画,前檐木柱上张贴纸对联,悬挂黑底金字木刻对联:"舞台歌盛世唱响风花雪月;万民奔小康仰仗政策英明。"木板屏风隔断前后台,屏风上绘天官赐福图案,上悬篆体金字木匾"天官赐福",匾额、对联意蕴隽永,耐人寻味,书法刚劲圆润、潇洒自如。围屏板壁上有"跟师学艺""举手得子"两幅壁画。无天花,为砌上露明造。柱、梁、枋、檩、椽等构架均为木制,都是露明的。

为了使这些结构体系更加美观，将横梁加工成月梁形式，横梁上的短柱加工成瓜柱样式，上下梁之间的垫木外形做成曲线，状如驼峰。将木梁穿过柱心出头，作成菊花头、蚂蚱头或雕刻成荷花、卷草、龙头、象首形象，造型别致，组合巧妙。并在梁枋、斗拱、雀替、门窗等部位应用了大量的雕刻、彩绘，精美的雕刻点缀了戏台，突出了构图中心，成为戏台造型的重要手段。八字影壁上有青龙出海和猛虎下山图，彩绘与堆塑相结合。龙鳞、龙爪、虎爪、虎牙为洱海里盛产的螺蛳壳镶嵌而成。色泽艳丽，装饰繁复，立体感强。台前无栏杆，有"出将""入相"两道门。

图3-12 大建旁村本主庙戏台

第二种，独立式戏台。多建于大青树下，村落广场上，成为村落的中心，有的是本主庙的重要附属建筑，有的因为本主庙扩建搬迁等历史原因，已经不是本主庙的一部分，但与本主信仰依然保持着密切的联系，成为每年本主节迎神、祀神、娱神的重要场所。如大理市喜洲镇周城村、大理镇桃源村、龙凤村、仙都龙庆寺以及剑川县沙溪镇的戏台都是这种情况。

大理市喜洲镇周城村古戏台建于清光绪二十一年（1895年），前有两株直径两米的大青树为广场范围标志，形成长宽各30米的广场。戏台坐东向西，单檐歇山顶，抬梁式木结构，三架梁，平面呈凸字形。青石砌筑实心高台基，下无通道，台基高2米，宽9.15米，进深5.5米。戏台明间阔大，为移柱造，扩大了演员的表演区域，增大了观众的观看视野。戏台上有两木柱，两石柱支撑大屋顶，下有瓜瓣形柱础。后台有三间化妆间，前台西、南、北三面通透，梁上无斗拱，但有额枋、雀替、垂花板、垂花柱，均精雕细镂，遍施彩绘。屋顶上竖瓦拼装"双龙戏珠"图案，木柱上张贴红纸对联："周常尚文礼乐宏横新景运，城不名武弦歌雅化庆升平。"大理石柱上阴刻蓝漆对联："辞旧岁玉洱银苍处处喜看滇剧戏，接本主周城各村家家欢跳白族舞。"戏台顶部有天花，明间中央的天花处设有八角藻井，丰富顶部层次，扩大装饰面积。藻井属于聚拢式，呈"鸡笼罩"造型，梯形木板围成下大上小的八边形，中间向上隆起成圆弧顶，整个造型具有强烈的向心性。八角藻井造型饱满，立体感强，同时还起到了音箱的作用，舞台内的声音，能够很自然地吸到顶内，起到拢音、扩音、共鸣音的作用，使演员的唱腔显得更加珠圆玉润，并将声音清晰地传到戏场的每个角落，符合自然扩音的声学原理，使戏台具有良好的视听效果。其上分格彩绘福禄寿三星、八仙过海、戏文故事、动物、植物等图案。贴金饰彩，制作精良。戏台左右两侧有翼墙，称为"八字照壁"或"雁翅照壁"，绘有"青龙出海""猛虎下山"图。动势强劲、蜿蜒腾飞的云龙神态激昂，龙体弓曲而有张力，姿态矫健，穿插于云纹中虚实有致，极富气势。整座戏台设计合理，造型优美，结构功能齐全，工艺精湛，装饰精美，确是

图 3-13　周城村独立式戏台　　图 3-14　仙都龙庆寺独立式戏台

不可多得的建筑艺术珍品。

　　大理市湾桥镇古生村戏台是大理市诸多戏台中颇具地方特色的清代戏台建筑，因其造型独特、雕刻精美、华丽典雅而格外引人注目。古生村戏台建于清同治六年（公元1867年），是本主庙附属建筑，坐东向西，下有青石砌筑高台基，台基高1.8米，宽7.1米，进深7.5米，通高8米，宽7.1米。与本主庙"水晶宫"之间形成一个长80米，宽35米的广场，每年农历七月二十三本主节都会在广场上举行隆重的迎神、祀神、酬神、娱神活动。戏台为单檐歇山顶建筑，檐下不设斗拱，但有梁枋、雀替。左右两侧设雁翅照壁，平面呈"凸"字形。明间设两木柱，两石柱，石柱下有瓜瓣形柱础。前台梁架结构部分采用了"移柱造"和"减柱造"的构造方式，扩大舞台表演区域。木板屏风作为前后台的隔断，绘有人物戏曲画，同时也是前台表演的背景。前台为表演区域，后台有三间化妆间。屏风上绘有福禄寿三星图案，三星旁画出画框并将对联直接写于木板屏风上，左右画出"出将""入相"两道罩门，但纯为装饰，屏风两侧附设"出将入相"罩门，为戏曲表演上下场之门。前台顶上有天花，有藻井，戏台檐下额枋、檐枋、垂花柱、垂花板、梁头处均有精细的雕刻和

075

彩绘，有木皆雕，遍施彩绘，丰富戏台的色彩，提升热闹的氛围，突出了戏台的演出功能。两侧照壁中央有圆形浮雕装饰，左雕青龙，右雕白虎。空间布局疏朗、自由和多样化，在整体上呈现出繁丽、丰满、严谨的风格，极具韵律感和节奏感，显出雍容华贵的气度和辉煌壮丽的神韵。戏台外形美观，造工精细，具有较高的艺术价值，是大理地区现存古戏台中别具一格的古建筑艺术珍品。1985年大理市人民政府公布为重点文物保护单位。戏台样式精巧，装饰华丽，文化内涵深厚，给人以雍容华贵之美感。

图 3-15 古生村独立式戏台

## 第二节 照壁与山墙

所有的建筑物和建筑景观都需要靠墙壁来围合，墙壁是传统建筑的维护结构，是分割利用建筑空间的屏障。本主庙的墙壁包括翼墙、山墙、檐墙、槛墙、廊墙、廊心墙、扇面墙、照壁等多种，用以围合本主庙各种主体建筑和辅助性设施，使其成为一个整体景观。为了避免墙体的单调，工匠们巧思细作，极尽砌筑、雕绘之能事。以多种建筑材料、砌筑方法、装饰手法来丰富墙壁形式，在墙体装饰上做足功夫。它多采用土筑、砖砌或石砌，墙壁装饰以大面积白色为基调，土墙外加粉刷，增加墙面的反光性和耐久性，并在大面积白色墙面上装饰，达到功能与审美的结合。上盖青色筒板瓦或琉璃瓦。线脚、画框、角饰、边饰一应俱全，檐下束腰部位多以风格一致、内容形式多样的彩绘带装饰，砖砌或泥塑矩形、扇形、圆形、菱形以及各种多边几何图形的立体画框，并以砖石叠砌成柱。有的在分界处，绘成单扇或双扇窗，有的还运用透视角度绘成半开闭状，中间填绘表现地方特色和民族色彩的水墨山水或彩画诗作。使整个墙面显得端庄优雅、协调美观，结构整体性强，既可耐风雨侵蚀，保护墙体又有装饰美化之功效。其中装饰精美，最具代表性的是照壁与山墙。

　　白族建筑的院落基本格局是"三坊一照壁"，照壁是其重要组成部分，也是装饰重点。照壁即瓦顶飞檐的粉墙，因为与进出大门的人打照面，所以称"照壁"，又称影壁、照墙、萧墙等。本主庙中的照壁造型优美，种类多样，几乎汇聚了白族营造、装饰的所有工艺，集本主庙装饰艺术之大成。在有限的面积中，白族匠师发挥聪明才智，假借石作、泥作、灰塑、彩绘、镶嵌等众多工艺技术将图案、纹样、山水、风景、文字、书法、色彩等诸多元素和谐地凸显出来。

　　照壁用砖石砌造，下有壁座，上有壁顶，中间是壁身。壁座是整个影壁的承重部位，一般用砖石砌筑，厚实稳固，坚硬粗犷。多数照壁的壁顶模仿建筑木构件的结构形式，飞檐翘角，造型精美，但梁枋、斗拱在结构上已经没有实际作用，仅作为装饰性存在。主体部分为壁身，壁身中央占据照壁大部分面积的叫壁心。本主庙照壁多用软心装饰，即将壁心外表抹白灰，在材质与色彩上与壁顶和壁座形成鲜明对比，中心称作"盒子"，白灰粉面，或镶嵌自然纹理山水泼墨画图案的大理石；或墨字书写福禄寿喜、吉祥平安、源远流长、神光普照、紫气东来、凤山现瑞等吉辞标示本主功绩，祈求祥瑞；或装饰祥禽瑞兽、山水花卉等。四角一般上下左右对称布置，图案多呈三角形布局，故称"岔角"，四个岔角上雕刻或彩绘岔角花。构图布局疏密有序，造型生动，色彩淡雅，装饰繁复，情趣盎然，照壁脚下常砌花坛，花香四溢，怡静幽雅，成为大门内外的一道景观。

根据其所处位置，本主庙照壁可分为院外独立照壁、院内独立照壁和围墙照壁三种形式。院外独立照壁是坐落于院外，正对大门或位于大门侧面的独立墙体。其目的是划出门前广场范围，使进出大门的人有整齐美观的感受，也是为了营造庄严肃穆的气氛，起到标志、装饰作用，在风水学上有"趋吉避凶挡煞气"的作用。院内独立照壁是坐落于大门与大殿之间，正对本主大殿的一座独立墙体，可以阻断视线，分隔空间，保护内部私密性。即使大门敞开，外人也看不到宅内，还可以烘托气氛，彰显本主庙的威严与霸气。它同样是一座风水壁，据民间传说可以驱邪除祟，镇宅驱魔。围墙照壁是位于大门、戏台左右两侧，大门一侧或两厢位置的翼墙，多种结构形式的照壁皆有，较为自由灵活，起围合院落，增强其装饰性、整体性的作用。

根据其结构形式，本主庙照壁可分为"三叠水"式、"一字平"式和"八字"式照壁三种。

第一种，"三叠水"式照壁。这是本主庙中最常见也最具特色的照壁形式。照壁中间高两端低，仿三开间牌坊形式建造，三个飞檐如同"三叠水"高低错落，整体有往中间稍微压弯趋势。这个势能非常巧妙，使得照壁造型轻盈优美，飞檐翘角流线生动流畅，富于动感。照壁用色淡雅，壁身部分以白色为主，檐下色彩较丰富，主要有靛蓝色、石绿色和砖红色。靛蓝色质朴稳重，石绿色清新淡雅，砖红色深沉温暖，与蓝、绿皆为对比色，三者搭配，质朴里透出清新，稳重中显示淡雅。也有用青、绿、赫、黑、白素色淡彩，浅影淡出，白底影绘，用色比较简朴素静。正中常书以墨字，或为先人遗训，或为吉祥语句，或题诗作画，也有的镶嵌一块花色美丽的大理石。

照壁装饰以檐部为重点，檐下则以反瓦层层叠砌出挑，也有在檐部加饰斗拱等构件。檐下彩绘是在墙角、墙裙、束腰、檐口飞檐石拼接处等需要彩画的部位用纸筋灰勾缝，等纸筋灰干燥后即可作画。檐下彩绘分格作画，画框较小，花鸟山水、神灵瑞兽、名言警句和名篇佳对，题诗作画，字画相间，排列得当，韵律感强。在白色墙面中央装饰各种形式之大理石图案或书法题壁。整座照壁造型精美，色彩丰富，装饰繁复。它对于形成良好的空间氛围起到了重要作用。虽不显要夺目，却在细节上有力地衬托出建筑的性格。

寺脚村本主庙照壁为琉璃瓦顶，飞檐翘角，高低错落的三叠水式照壁。檐下泥塑仿额枋、垂花柱、斜昂等形式分层装饰，壁身部分左、右、上三面泥塑多边形画框，分格彩绘水墨山水、花卉鸟雀图案，壁心部分白灰粉底，红、蓝、黑三层彩绘、泥塑画框，外饰卷草莲花纹、四个岔角饰涡卷纹，正中请书法名家提上苍劲有力的"苍洱毓秀"四个大字，更显得古雅秀丽，壁座为青石垒砌，白灰勾缝。

图 3-16　寺脚村本主庙照壁

深长村本主庙照壁，为灰瓦顶，檐下泥塑、彩绘，仿斗拱、花枋形式装饰，正中"一叠"壁身部分三面围以泥塑花饰边框，绘有渔樵耕读、翎毛花卉图案，壁心直排"凤山现瑞"四个蓝色大字，青白相间，更显素净端庄。左右"两叠"高度稍

图 3-17　深长村本主庙照壁

低，照壁中央有圆形浮雕装饰，左雕青龙吐日，右雕猛虎下山，回纹环绕，外饰青色泥塑边框，装饰精美，立体感极强。转角处贴有青灰薄面砖，俗称"金包玉"，壁座为砖砌而成，青石板贴面。

第二种，"一字平"式照壁，即带瓦顶装饰的独立萧墙。这种照壁形式多为本主庙中的辅助性功能建筑，可以是院内或院外独立照壁。如福星村本主庙，在大门与大殿之间设有"一字平"大照壁，琉璃瓦顶，飞檐翘角，下部是花岗岩底座，中间部分是照壁的主体，正对大门的一面是功德碑，黑色花岗岩上刻着本主故事和本境村民为重修本主庙所捐功德。白色瓷砖镶边。正对大殿的一面是瓷砖镶嵌画：高山流水、梅兰竹菊，画上题字"高风亮节"，褐色瓷砖镶边，白色瓷砖贴柱，色彩对比鲜明，装饰效果极强。照壁前砌有花台，种植花卉，人文景观与自然山水相协调，形成一个优美舒适的院内环境。再如庆洞神都本主庙在牌坊与大门之间单独设有"一字平"大照壁，上盖灰黑色筒瓦，四檐出角，檐下彩绘装饰繁复。正对牌坊

图 3-18　下湾桥村本主庙照壁

图 3-19　福星村本主庙照壁

图 3-20　庆洞神都照壁

的一面白灰粉底，墨线画框，四角有小角花，正中墨书四个大字"灵镇五峰"，正对大门的一面绘有麒麟望芭蕉等吉祥图案。在正殿与过厅之间还立有一面青砖影壁，上有团龙图案。影壁前有绿色植物装饰，增加了建筑的纵深感与层次感。

第三种，"八字"式照壁，它是门楼、戏台、大殿建筑左右的翼墙，对称出现，平面呈八字形，如雁翅排开，也称为"雁翅"照壁。其作用一方面衬托主体建筑，另一方面自然围合建筑景观。如仙都龙庆寺、仁里邑本主庙、下作邑本主庙的大门两侧，以及白王宫苑、周城村、大建旁村、古生村、桃源村本主庙的戏台两侧都有"八字"式照壁。如下作邑本主庙的"三水滴"大门稍向内凹，左右两侧有"八字"式照壁，灰瓦顶，檐下绘有青龙出海壁画，墙心粉白，墨画大方框，分别书写"善""恶"两字，白底蓝字金线勾边，画框外简单饰以卷草纹、半枝莲瓣纹等。照壁前植有松柏、三角梅等树木花卉装饰。虽简约但并未给人留下粗陋的印象，反而呈现出一种独有的简练与明快，令人耳目一新。

图 3-21　下作邑本主庙门楼及照壁

再如桃源村戏台左右两侧也有"八字"照壁。青石垒砌的壁座，白灰勾缝，壁心有精美圆形浮雕装饰，左雕青龙，右雕猛虎，极为工细考究。龙虎图案之外还镶有砖雕方框，岔角处饰以蝙蝠、卷草、盘长、暗八仙等吉祥纹样。壁顶为飞檐翘角灰瓦顶，脊上饰镂空石雕"双龙戏珠"，不上彩。檐下分格彩绘戏文故事和文字装饰。转角处贴有类似山尖部的青灰薄面砖，俗称"金包玉"，造工精细，构思巧妙，彰显白族民间审美情趣。

图 3-22 桃源村戏台及照壁

本主庙正殿、偏殿通常为歇山顶、硬山顶建筑，皆为坡面顶，左右两侧外墙称为山墙。山墙设有一个腰檐，这样上部形成一个三角形的墙面，称为山尖，延展成半圆形、马鞍形、倒三角形、菱形等形状，上饰山花。山花是山墙上最重要的装饰，也是本主庙建筑装饰中最具特色的部件之一。由于山花的装饰，使山墙的山尖部位成为视觉特点，突出于立面，视觉凸显性极强。山花以靛蓝、灰白、青灰色调为主，山墙上部涂抹纯白粉灰，

图 3-23　宝林寺山花

图 3-24　将军洞山花

图 3-25　白洁圣妃庙山花

图 3-26　深长村本主庙山花

图 3-27　下湾桥村本主庙山花

图 3-28　阳南南村本主庙山花

白底明亮清秀，其上绘大山花，易于表达轻快悠远的效果。或用青灰色粉灰绘成砖块图案，或用封面砖排列整齐，白灰勾缝形成形似六角形蜂巢状几何纹样，其上再装饰山花。靛蓝与青

图 3-29 周城村景帝庙山花　　图 3-30 寺脚村本主庙山花

灰凉爽深沉，易于表达安详宁静的效果。其内容以莲（连）升三戟（级）、蝠（福）寿双全、花开富贵、牡丹卷草、双凤卷草、双龙卷草、双龙戏珠等为主，并饰以菊瓣、盘长、如意、回纹、云纹、菱花纹、卍字纹、拐子纹、龟背锦、十字锦等山花纹样，变幻无穷，生动活泼。每个相同主题的山花图案就有多种绘本，据经验丰富的民间艺匠介绍，现有一百多种山花图案绘本。也有的用浮雕式泥塑，五色雕饰，色彩对比强烈，立体感极强，装饰繁复却无俗腻之感。山花装饰气势奔放，用笔流畅，构思精巧，用意极深。能工巧匠们运用写实、写意等表现手法将抽象纹样与具象图形穿插并置，拼贴垒成。画面交相穿插，自由活泼，明喻暗比，玄妙四伏，显现出一种神妙莫测之美。局部的妙笔生花与整体构图相映成趣，反映出艺匠较高的艺术修养与超凡的造型能力。由于山花的装饰，使山墙的山尖部位成为视觉的焦点，突出于立面，视觉凸显性极强。

　　总之，本主庙内照壁与山墙装饰内容形式多样，材质色彩丰富，画面构思巧妙，形象造型饱满，整体风格一致，装饰意味浓郁。使得本主庙建筑群总体看来清雅大方，庄重严谨，装饰繁复而又不失庄重古朴，真可谓于细微处见风采，尽显文献名邦之儒雅灵秀，充分诠释了白族乡民的审美趣味。

使观赏者获得赏心悦目的审美享受，同时增强其作为宗教建筑的密闭性、威严感与神秘感。

## 第三节 正殿与偏殿

正殿与偏殿是本主庙的主体建筑。正殿即本主大殿，殿内正中供奉白族人民心中至尊的本主神及其家眷、部属、配神等，偏殿内供奉各种配神，最常见的配神有财神、送子娘娘、山神、土地、六畜神王、痘二哥哥等等。偏殿或为正殿左右两侧的耳房，与正殿平齐；或为正殿前方左右两旁的厢房，与正殿围合成三方。偏殿的建造等级和装饰等级都明显低于正殿，也就是说偏殿使用的装饰形式和内容几乎正殿都有，而正殿的装饰手法之多样，装饰内容之繁复，装饰形式之齐全不是偏殿能与之相提并论的。偏殿多为穿斗式硬山顶建筑，空间尺度较小，布局紧凑。梁枋、门窗多不设色施彩，保持木材本色。有的甚至无门窗。

正殿是等级最高、体量最大的主要建筑，多采用三开间单檐歇山顶式。造型精美，吊角飞檐，花枋精巧，斗拱重叠，玲珑剔透，特有的回廊和檐部装饰方式花样繁多，引人入胜。显得既雄伟壮丽、肃穆庄严，又美观大方，给人华丽繁缛、宏阔玲珑、气度沉稳之感。正殿自上而下分为屋顶、屋身、台基三大部分。屋顶装饰精巧细腻，如鸟翼般轻盈展开，建筑轮廓优美俊秀，轻巧灵动。砖木结构的屋身空灵剔透，突出体现线性的立面构图，台基庄重沉稳。

中国古建筑的艺术之魅，最突出地表现在"反宇飞檐""飞意流韵"的大屋顶设计。利用屋顶、屋檐的形式变化，来显示建筑造型的艺术效果是中国传统建筑的一大特色，也是本主庙的基本造型特色。屋顶既是功能结构的产物，又是艺术审美的产物，它以其优美柔和的轮廓和变化多端的形式而引人注目。从外形上看，本主大殿多为歇山式灰瓦顶，少数也用黄色琉璃瓦顶，曲线丰富的轮廓与多装饰的屋顶成为本主庙表达审美趣味与宗教理念的"有意味的形式"。屋顶是本主庙建筑中最具等级象征意味与造型特征的部位。它屋面平缓，体形巨大，屋顶和檐口平直有力，檐口山尖用石板挑出，并在转角尽端做翘曲式檐角，使建筑外观显得古朴庄严，同时透出活泼、俏丽，整体形象和细部装饰丰富生动。整个屋面由不同弧线构成，使檐部形成鸟翼般的曲线。屋脊两端见尺起寸，屋脊升起的比例和尺度远超中原传统建筑的规范要求，大致抬升三寸左右，形成曲线突出的曲面坡屋顶，大大弱化了厚实平整的呆板之气。再加檐角下翼形拱的衬托，如凤凰展翅翱翔，使得屋顶造型更加潇洒飘逸、轻盈秀美。较大的屋角起翘，使整个大殿外观显出雄浑气势，持重伟岸的同时，更显灵动端丽、玲珑活泼。

　　白族村落民居众多，本主庙的格局、装饰与民居颇为相似，可唯有本主庙会用繁复夸张的屋脊装饰，也唯有本主庙会在正殿四角悬挂风铃，这成为本主庙建筑区别于民居建筑的重要标志之一。正殿屋顶十分重视正脊、垂脊、戗脊、瓦当、翼角和檐口等部位之处理，造型别致，塑造精妙，布局严整，呈现出精致细腻的艺术风格。脊是位于两个屋顶的坡面相交而成的分水线，不但起到防止雨天漏水和稳定房屋框架结构的功能，还能增加房屋的庄重、优雅、大方等视觉审美功能。在正脊部位，通常用青砖、筒板瓦竖立拼合成各种透漏图案，正中部位的装饰性构件称"脊刹"，常用葫芦、宝瓶、龙凤、鳌鱼及仙人、走兽等形象装饰，并用祥云、卷草、花卉等纹样搭配主题造型，做工细致，构思巧妙，有避邪除祟，主持正义，保佑清洁平安之吉祥寓意。把本主大殿的中央正脊装饰得如此隆重而漂亮，由此也体现了白族文化中正平和，以高为贵的传统思想。正脊两端饰鸱尾，自鸱尾改为龙头吞脊的兽状之后，也称"鸱吻"，在屋角顶端用鳌鱼倒立，鱼嘴衔屋脊，鱼尾高高翘起直冲蓝天，具有趋吉避凶、防火减灾的象征意味。戗脊又叫"金刚戗脊"，俗称"岔脊"，是歇山屋面上与垂脊相交的脊。戗兽是建筑戗脊上的构件，用于歇山顶和重檐建筑上。在大屋顶的岔脊上，在高高的檐角处，装饰有一些小兽，这就是屋脊兽，它是本主大殿屋顶上的重要构件，常以实有或虚拟的动植物形象出现，如龙、凤、狮、虎、瓦猫、狻猊、鱼、大象、孔雀、花草等，象征着消灾灭祸，逢凶化吉，还含有剪除邪恶、主持公道之意。瓦当又称"勾头"，起固定、美化屋面轮廓和庇护屋檐，免遭雨水侵蚀的作用。其样式主要有圆形和半圆形两种。滴水瓦重叠向下，以利滴水，雨水由此落下，又称雨帘。面上模压花卉、鸟兽等纹样。于板瓦前端贴长条形瓦头的称为"花边瓦"，上面饰以盘长、绳纹、卷草、卷云等图样。

建造本主庙时，常选用当地盛产的纹理直、易干燥，少开裂、材质轻柔、容易加工的苍山冷杉、云南松、楸木等作为主要木料，制作成梁柱、斗拱、枋、椽等重型和雀替、梁托、牛腿等轻型建筑结构部件，具有可靠的性能。因为木材建造的梁柱式结构是一种富于弹性的框架结构，具有突出的抗震性能，可以把巨大的震动能量消失在弹性很强的节点上，所以木质构架对地震频繁的大理是一种非常实用的建筑形式，也是对当地特殊地质条件的适应。

屋檐以下层层出挑的是斗拱，斗拱是传统建筑中以卯榫结构交错叠加而成的承托构件，处于柱顶、额枋、屋顶

图 3-31　北才村本主庙正殿

图 3-32　苍山神祠正殿

图 3-33　洱水祠正殿

图 3-34　红山景帝祠正殿与偏殿

图 3-35　石屏村南海将军庙正殿与偏殿

之间，是立柱与梁架的结合点。一组斗拱通常由方斗、曲拱、斜昂等几十个甚至上百个构件组成。斗拱伴随着中国传统建筑的发展而发展，在中国传统建筑中的地位犹如西方古典建筑中柱式的柱头，并且具有很好的装饰性。它是中国传统建筑最突出的特征之一，也是体现建筑风格的重要形式因素。斗拱产生之初是为了将出檐的重量传到柱子上，属于结构部件，是大屋顶挑檐的结构承托，斗拱使用的层数决定了屋檐挑出的深度。明清时期由于梁柱体系的发展，斗拱蜕变为装饰构件。本主庙中的斗拱雕饰精美，形式独特，其内檐承托梁栿，外檐承挑巨大的出檐，铺作层加强构架整体联系，能均匀地传递屋面荷载，达到了美学与力学的高度一致。白族艺匠把自己的创作热情和聪明才智倾注其上，创造出构思严谨、组织有序的斗拱形象，柱额斗拱架椽挑檐，重重叠叠，结构精巧坚固，显得富贵而华美，给人以庄严华丽的审美感受。这种层层承托的结构稳重而结实，构件虽多却主次分明，繁简得当，结构逻辑明白清楚，雄浑稳健，使人倍感踏实。

斗拱以下横于柱间的是梁枋，它是承担屋顶重量的建筑构件，最初主要是出于藏拙的目的，因此仅做外形上的修饰加工，使其不显呆板、乏味，梁托、柁墩、瓜柱、垂花柱、雀替、撑拱、牛腿等构件起到的是分担梁、枋承受力的作用，后随着结构的变化和工艺的成熟，则更加倾向于纯粹的审美目的，故此雕、彩、镂、刻无所不用其极。傅熹年先生指出："在木构建筑中，一些功能型构件的组合，往往同时具有一定的装饰效果，如檐椽、斗拱左右规则或有韵律的排列。这原不属于建筑装饰的范畴，但正是由于这种客观的装饰效果，使之在木构建筑的发展过程中，愈来愈受到重视，不断加以强调[①]"。本主庙的外檐梁枋一般采用浮雕、浅浮雕、透雕、圆雕、线刻等雕刻手法。整体构造合理有致，细部处理古朴遒劲，富于变化，体现出结构技术与细节艺术之美，组合巧妙，疏密得体，并雕绘大量精美的彩色图案。直线的梁枋和曲线的莲枝、点状的莲花和线状的茎蔓及翻卷的枝叶造型，都在视觉的形式元素上形成了必要的对比和联系，在整体上形成了既单纯简朴又丰富瑰丽的艺术装饰效果，营造出或质朴沉静，或绚丽多姿的空间氛围。

立柱上端，梁枋以下则以雀替做承托。雀替是中国传统古建筑的特色构件之一，由拱形替演变而来，置于额枋下与柱相交处，其形似双翼，对称附着于柱头两侧，以加强额枋，减少跨距。于明代以后广泛运用，至清时成为一种风格独特的构件，使梁枋之间呆板的直线角度变为柔和优美的曲线，丰富了对梁枋交汇处的装饰手段。本主庙的雀替多为木雕，形态各异，雕刻手法众多，有高浮雕、浅浮雕和透雕等，有的还将圆雕的技法融于透雕之中，做工精细，形态逼真，工艺成熟，巧夺天工。线条遒劲有力，形态生动逼真。常见的装饰图案有喜鹊登梅、花开富贵、太平成象、凤穿牡丹等等。有的髹漆饰彩，有的桐油打底，清漆不饰彩。造就出或绚烂夺目或素淡沉静的装饰效果，无不反映出人们对于吉祥安康、幸福长久的追求。

大部分本主大殿前都有回廊，回廊也称前廊，它是由立柱、斗拱、横枋、雀替支撑大屋顶所形成的一个结构空间，也是登上高台基，进入本主大殿的一个必经之所，于是也就成为艺匠们逞才使气的绝佳场所。前檐廊下的立柱、立柱之

---

① 傅熹年. 中国古代建筑史·第二卷. 北京：中国建筑工业出版社，2001年，第246页.

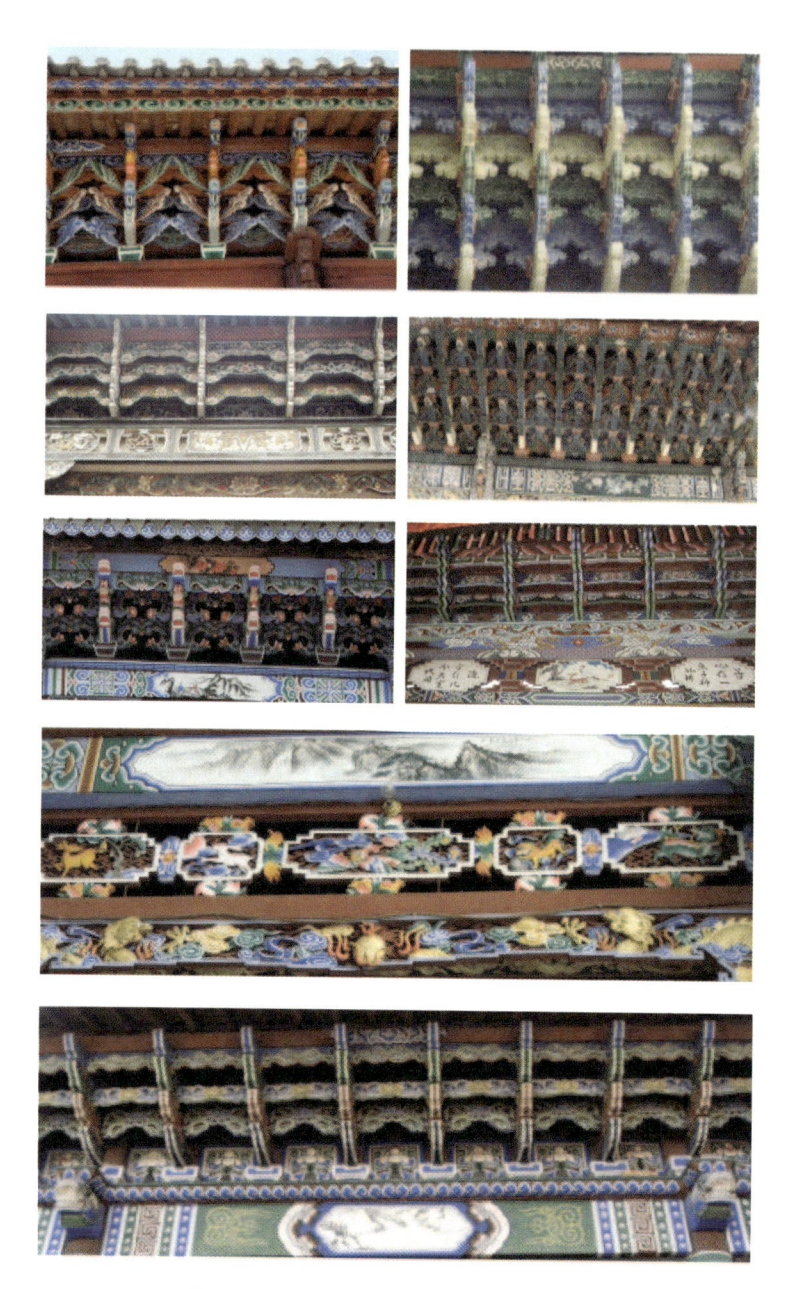

图 3-36 本主庙正殿斗拱、梁枋结构

上的斗拱、横枋、雀替，立柱之下的柱础石都有繁华热闹的建筑装饰。回廊上常设靠背栏杆，俗称美人靠、鹅颈靠，是在坐凳栏杆外沿安装靠背而成。靠背可弯可直，形式较多，一般由木棂条拼装而成。常用步步锦、灯笼锦、寿字纹、拐子纹、金钱如意纹、卧蚕结子纹等吉祥图案。回廊两端有围屏，一般用薄砖砌出造型各异的框档，空白处则绘以龙、凤、狮、虎、人物等各种纹样图案来装饰，或在围屏的中央位置镶嵌一块抛光的天然大理石。回廊顶部有的有天花，有的无天花，天花造型与大殿内部一致，以层层叠叠的柱间枋分割空间，把回廊装饰得层次分明，繁复热闹。

为了支撑起翘夸张、形体硕大的屋顶，本主大殿回廊上必有粗大的成排立柱。多为木柱，上面涂饰暗红色或黑色油漆，既能保护木柱又起装饰作用，木柱上悬挂木质对联，立柱下端垫有柱础石。从实用角度说，柱础石起防潮、防腐及承重作用。本主大殿的柱础石一般不施彩，少雕饰，采用本地特产石材，如芝麻石、云灰石、汉白玉或花岗岩，做成鼓形、莲瓣形、四边形或六边形，形式单一，用色天然。只有少数辅助性建筑的柱础石具有较强的装饰性，如将军洞长廊的柱础石就是狮子滚绣球图案。

门窗在建筑当中不仅起到分割建筑室内外空间，满足人们对建筑物在采光、通风、保温、安全防护等方面的作用，而且也是民族形式、建筑风格、地方特色以及整体建筑文化内涵和艺术效果的表现手法。门窗隔扇的装饰通过大面积的图案、纹样和通透光影的对比来强化装饰效果。本主庙内的殿门无论正殿还是偏殿一般都采用三合六扇木雕格子门。对于门的安装构造，下用门枕，上用连楹来安放门轴，这是中国古建筑数千年来的定法，也是本主庙格子门的安装技法。

图 3-37　本主庙正殿雀替装饰

图 3-38　本主庙回廊围屏装饰

隔扇门用于分隔室内外空间，门扇细长，可以拆卸，多用于明间装修。隔扇多为每开间六扇。隔扇主体由隔心、绦环板、裙板三部分组成，四周边框叫边梃。隔心由棂格或榫接的、雕刻的图案镶嵌而成。这种在门扇格心处搭出棂格的做法始于宋代，时称"格子门"。格子门包括门楣、门框、门扇等部分，材质多用云木、红椿、云杉等名贵木材，以实用功能为基础，运用榫卯、交口、雕刻、彩绘等工艺手段，表现出

图 3-39 本主庙柱础石装饰

鲜明的地方文化与民俗特色。隔扇两边竖立的框木称边梃，对隔扇起固定作用。隔扇边梃之间的横木叫抹头，有四抹和六抹两种。本主庙格子门通常是六抹隔扇，从上至下分为三段，上下两段形成两个大矩形框，上称隔心，下称裙板；中段是一个小矩形框，称为绦环板。偶尔也有分成四段，裙板以下还有一个和腰板等面积的小矩形框。格子门常采用浮雕、线刻、多层雕或透雕等多种雕刻手法，棂花图案纹样丰富，又常交叉组合，工艺繁复，构图巧妙，主次分明，雕工精细，色彩绚丽，深得要领。

　　隔心是格子门的主体，也就成为雕饰的重心。正殿常采用多层透雕技法，底层雕出几何图案，表层雕刻内容丰富，镂空雕有山水人物、花鸟鱼虫、博古图案、宗教故事、民间传说，还有吉祥图案、几何纹样等。还综合运用浮雕和圆雕手法，使前后层次清晰，通透圆润，动静有序，立体感强，其纹理细腻，雕刻精湛，不负剑川木匠"鬼斧神工"之美誉。再施以五彩，从殿外观看，五色斑斓，图案繁复，令人眼花缭乱。从殿内观看，光线通过门板镂空部分，形成众多光斑，"采光"效果薄弱，室内光线昏暗，照射在神像上，使得殿内回荡着光影绰约、扑朔迷离的宗教神秘气息，其审美功效类似西方哥特式建筑中的彩色玻璃。裙板上则多采用浅浮雕技法或平板彩绘，饰以白鹤登松、仙鹿含草、凤穿牡丹、梅兰竹菊、山茶杜鹃或暗八宝、几何纹饰等，造型朴实，概括洗练。腰板或为多层透雕装饰；或为单层浅浮雕，形式和内容都与上段或下段相仿，是一个承上启下的过渡性空间，使得上、中、下浑然一体，相得益彰，既美观又稳定，构成一幅完整的艺术品。如果分成四段的格子门则上两段形成一个单元，皆为透雕；下两段形成一个单元，皆为浮雕。

图 3-40　太和村本主庙三交六合隔扇门

图 3-41 寺脚村本主庙三交六合隔扇门

图 3-42 打鱼村本主庙三交六合隔扇门

第三章 大理白族本主庙的装饰部位

**图 3-43 地石曲本主庙三交六合隔扇门**

中国传统建筑的窗在没有用玻璃之前，多用纸糊或安装鱼鳞片等半透明的物质，既可采光透气又可遮风挡雨，因此需要较密集的窗格。窗格多以纵横或斜向相交的小段木条榫结搭扣，形成各种样式的图案和透气花格。本主庙正殿格子门两侧和上方常常有镂空采光的固定窗。窗上的木质权花雕刻精美，玲珑通透，具有极强的装饰效果。有圆形、矩形、扇形等多种形状，密纹格式多样、丰富细腻、变化万千、层次感强。格子门两侧的圆形花窗面积较大，常用菱花、冰花、工字、双工字、藤纹、夔纹等纹样装饰，或用回纹、套圆、套方组成灯笼罩、步步锦纹样；或用圆形、方形的雕花板组织在格纹中，显得简洁规整、大方美观。如将军洞本主庙大殿在三交六合格子门左右两侧各有一扇固定花窗。方形窗框固定，四角有浅浮雕装饰的小角花，线条流畅，弯曲有致，生动可爱。中间是巨大圆形镂空花窗，由整块木板雕空刻镂而成，整体感强，图案规整而不僵化，丰富而不烦琐，制作工艺精巧，画面布局疏密有序。格子门上方的花窗面积较小，通常为分格透雕花窗形式，装饰内容与雕刻手法与格子门一致。

本主大殿几乎都建在高高的台基上以增加它们的气势，固有"高台榭，美宫室"之称。台基又称基座，是高出地面的建筑物底座，用以承托建筑物，并使其防潮、防腐。它是中国传统建筑中一个重要的结构。外表多用砖石砌筑，坚固牢靠，对建筑起到衬托保护的作用。台基大都以汉白玉、青白石、花岗岩等颜色相对素净浅淡的石材建造而成，素雅的色调成为各种绚丽浓重的建筑色彩的烘托。汉白玉质感细腻，洁白晶莹，成为大殿建筑基座乃至地面的重要石材，其洁白淡雅的色调中和了艳、深、重、浓的建筑色彩，使整座建筑色彩更加和谐。高台基与大屋顶相呼应，凝重而朴质，而装饰华美、色泽艳丽的殿堂与底部云灰石栏杆形成鲜明对比，视觉冲击力强。

为了方便行人上下，台基上必有台阶，而部分讲究的台阶踏垛上还有路斜，即宫殿台阶正中的御路。本主庙的路斜远没有紫禁城御路那般气势宏伟，但也小巧精致，别出心裁。御路踏跺中间的御路石块也叫陛石，通常用汉白玉等较珍贵的石料来雕凿，石面上雕有龙、凤、海水、山崖等图案。御路踏跺中间部分已经逐渐失去其行走功能，突出其装饰功能，是石雕技术的充分展示。有的以大理石的天然花纹作为装饰，有的在汉白玉路斜上雕龙刻凤，或雕云龙纹、水纹等，望柱上多雕刻云纹，简洁大气，平添几分庄严与雄伟。如寺脚村本主庙台基上的路斜，用汉白玉石栏杆围砌，中间镶有整块大理石雕刻的盘龙图案，龙身四周饰有祥云浅浮雕，平添几

图 3-44 本主庙正殿花窗装饰

分威严肃穆的气氛。白洁圣妃庙台基上有凤穿牡丹图案的路斜，无栏杆。太和村本主庙台基上的路斜仅在台阶正中镶嵌一块汉白玉，无任何雕饰。

台基四周常以栏杆围合。栏杆，亦称阑干、勾阑，在建筑设计中具有安全防护、分隔、导向等功能。本主庙内石雕栏杆造型美观大方，形式自由活泼，多采用民间做法，主要采用云灰石、汉白玉或花岗岩制作而成，有着明显的

图 3-45　福星村本主庙正殿台基 　　图 3-46　宝林寺正殿台基

图 3-47　寺脚村本主庙正殿台基 　　图 3-48　白王宫苑正殿台基

图 3-49　白洁圣妃庙
正殿台基 　　图 3-50　太和村本主庙正殿台基

地域特征。石栏杆主要由望柱、栏板、净瓶、寻杖及排水孔等几部分组成。望柱是在栏杆中出头的柱子，分为柱身、柱头两部分。柱身的造型大都为简单的方形石柱样式。有的刻浅浮雕龙纹、卷草纹或如意线框。柱头可雕刻成莲瓣、

图 3-51　本主庙石栏杆

石榴、桃子、蕉叶、龙凤、狮子、猴子、素方、仙人、文房四宝、暗八仙等造型或各种几何形状，并加饰浮云纹。

排水孔雕成狮状、麒麟状的螭头，使整座台基简洁而不单调，华丽而不繁缛，富有生气而不显笨拙。这就使得原本厚重朴素的石台基极富观赏性，也使高居于台基之上的大殿气势恢宏，气质高贵典雅。

本主庙中最常见的是寻杖栏杆，又叫禅杖栏杆，自下而上由栏板、净瓶和寻杖三部分组成。望柱与望柱之间的栏板，是石栏杆的主体，也是石雕最精彩的部位。栏板内容丰富，雕刻华美，所以宋时称为华板。华板以独特的工艺，塑造各式人物，刻绘吉祥花鸟，贴饰亭台山水，描摹社会生活百态，构成完整的、可供赏玩的石刻艺术品。栏板之上是净瓶，雕刻为净瓶荷叶或净瓶云子，也有的雕刻为牡丹、宝相花等。寻杖上一般起鼓线，不作雕刻。偶尔也见只用栏板而不用望柱的罗汉栏杆，简洁素雅，两端多用抱鼓石，造型生动，立体感强，具有浓郁的地方特色。

综上所述，本主正殿造型端庄，装饰精美，偏殿小巧别致，颇具特色。其与门楼屋顶高低错落，上下平衡，与照壁和墙垣纵横相连，既增强了整院建筑的韵律感和层次性，更加强其牢固性、整体性和联系性，使建筑具有较强的抗震能力。正殿、偏殿和其他附属建筑等级分明，分工明确，各尽其用，各得其所，具有重要的建筑艺术价值和历史价值，成为研究白族本主文化的重要实物资料。

# 第四章　神祇造像

本主庙内神祇造像，是本主文化的核心和重要标志。神像是将尘世人物进行理想化塑造，并夸张其内心世界。这些神像，塑性不拘一格，神性灌注，富有鲜活的生命，好像时刻准备着显出真身，扬善惩恶，为人们解厄消灾。人们借助神像，表达对神灵的敬畏、依赖和尊崇，使信仰者与神灵之间产生感情上的交流，崇信观念得到巩固和强化。本主神像大约起源于南诏晚期，清代达到高峰，近代陷入低谷，而近三十年来又出现复兴热潮。

不管是神武威严的本主神、华贵端庄的本主夫人，还是慈爱温柔的子孙娘娘，怒目圆睁、须发贲张的财神，甚至狰狞可怖的大黑天神形象，都集祀神、祈福、纳祥、求吉、生命繁衍等多种意义于一身。既超凡脱俗又入世随俗，具有鲜明的世俗性和伦理性特征，更像是城隍崇拜在白族乡间的自由变体，是一幅典型的民间信仰神祇图谱。本主庙内神祇繁多，供奉格局混乱，几乎是一庙一格局。常见的神像有本主神、本主夫人、大黑天神、子孙娘娘、财神、六畜神、山神土地、牵马神、门神等等。通常是本主正殿供奉本主神、本主夫人、文武大臣、判官、大黑天神等；左右偏殿供奉子孙娘娘、痘二哥哥、财神、山神、土地神等；耳房、回廊、过厅、门房供奉六畜神、牵马神等。

## 第一节　神像的形式特征

神祇不过是人的代言人，是理想化的现实中的人的形象。与其说是神的拟人化，不如说是对人的拟神化。神像以直观的视觉形象传达宗教观念，更是主观精神表现，是本主崇拜观念与艺术形式相结合的产物。它以感性形象来肯定本主崇拜，用艺术手段来表达宗教情感，以雕塑或绘画等静态视觉艺术形式面对其信仰者，是偶像崇拜的直接对象。白族艺匠善于运用写实、夸张、概括、变形和象征等手法，抓住其特征塑造神祇形象，既有个性，又有共性。神像形体比例各有千秋，或高大雄伟，或精巧别致，或轻盈灵动，或雍容华贵，或朴拙典雅，体量大小与本主庙相称。各类神像形象生动，造型比例匀称。面部刻画完整而简单概括，不太注意形象细部刻画，面部表情则用深浅粗细不同的线条勾画，面容各具特色，神态各异，活灵活现，尽显生动。肢体动作多由服饰的转折变化来完成，线条流畅，贵在传神。造像风格简约、概括、生动、传神，富有想象力和象征性意味。它强调"以意为主""以神写形""尽善尽美"，不严格遵循人体的结构、骨骼与肌肉的关系，兼顾写实性和写意性、概括性与象征性。把神圣感和世俗感相结合，具象性与抽象性相一致。造像的形象和服饰均呈现出民间特色，设色丰富而协调，讲究色与色的搭配对比，色彩艳丽且气质不俗。虽然缺少士大夫艺术那样疏淡清远、情韵悠然、风姿高雅的审美格调，但却充满朴实浑厚的乡土气息和更广泛的表现空间。整体风格统一又不失个性特色，造型简洁饱满又不失法度分寸，在艺术追求和审美取向上反映出"粗""俗""野""趣"等民族民间气息，具有鲜明的民族性、世俗性和地域性特征。

一般说来，本主庙内主要有两套神像，一套是"坐像"，多为彩塑正面坐像，固定于本主庙神台上供日常祭祀，不能搬动，也有少数配神以绘画形象供人祭拜，包括本主神及其家眷、侍从、判官、子孙娘娘、大黑天神、财神、山神、土地神、六畜神王等配神。本主坐像通常体量巨大，展现出崇高庄严之气势。线条粗犷，手法纯熟，结构匀称，身材比例协调，既有力度感又有稳定感。神像面部丰润方圆，额头较宽，五官相对精致，双眼生动传神。另一套是"出像"，多为木雕立像，用檀香木、香樟木或香柏木雕刻而成，贴金饰彩，体量较小，呈现出优美精巧之样态。主要是本主神及其夫人，每年本主庙会时抬出去游神祭祀。木雕本主相貌多为阔脸长耳，弯眉大眼，眼珠突出，慈祥温和，敦厚亲切。当然有时为了方便，有的本主庙里只有一套木雕神像，平时放置于神台上供信众顶礼膜拜，是为"坐像"，本主庙会时抬出来游神，是为"出像"。

图 4-1　红山景帝祠彩塑本主及其夫人坐像　　图 4-2　红山景帝祠木雕本主及其夫人出像

本主庙内的神像皆置于神台之上，大多背靠墙面放置。为了供奉神像而砌筑的高台被称为"神台"，以显示神祇的威

109

图 4-3　挖色下本主庙木雕本主像

图 4-4　周城村灵帝庙木雕本主像

图 4-5　北登村本主庙木雕本主像

图 4-6　官圆堂本主"六堂大圣掌兵太子"像

仪。神台通常高一米左右，砖石砌筑，结构简洁大方，负重稳固有力，装饰形式较为单一，或素面无雕饰；或在踢脚线上简单绘制如意、卷草、盘长、缠枝等纹样。神台正面绘窗格状、蜂窝状、几何纹填补空白。近年来新修的本主庙常用瓷砖拼花，用瓷砖上制作好的花开富贵、喜鹊登梅、龙凤呈祥、松鹤延年等图案作为装饰。神像立于神台之上，可以彰显体量的高大，增加神像和人的尺度对比，体现神之伟大，人之渺小，迫使人们仰视佛像，更加增强了朝拜者心理上的压迫感，让人产生敬畏崇拜的宗教情绪。而神像则具有居高临下、俯视众生的意味，

图 4-7　七邑村中央祠本主　　图 4-8　下湾桥村本主"新王
　　　　"中央皇帝"像　　　　　　　　　太子"像

成为供人顶礼膜拜的偶像。有的在神像上方、立柱之间还有横枋和花罩装饰，表面多浮雕祥云、龙、凤、宝相花图案，在中部雕刻如意头或花叶卷草形状，内饰各类花纹，罩下还有额枋及垂花柱，形状不一，线条流畅，雕工细腻，色泽艳丽。横枋上悬挂匾额，立柱上悬挂楹联，或者为盘龙柱，柱上金龙盘绕，也有的在墙壁上彩绘盘龙柱，简直能以假乱真。梁枋之上雕梁画栋，顶上有天花，遍施彩绘，有的在造像的服饰、背光、横枋、花罩、天花等处还采用了沥粉堆金的装饰手法，增加了富丽堂皇的气氛，将本主庙内装饰得五彩纷呈、琳琅满目。

　　神像背后的墙面上多绘有装饰性极强的完整独立的图案纹饰，与立体的神像一道构成完整的表现形式。神像头部的绘画图案谓之"头光"或"圆光"，多为圆形、火焰形或扇形图案。华丽复杂的圆光装饰，更衬出神祇面部表情的质朴、冷静，显示出超凡入圣的威仪。身后的谓之"背光"，多为日月天光、山体岩石、双龙戏珠、青龙出海、龙凤呈祥、丹凤朝阳、麒麟望日等吉祥图案。形象对称，线条流畅，画面均衡，主题突出，构图饱满而富装饰感，画风细致瑰丽却不失劲健与豪爽，用色大胆浓艳，风格自由多变。追求绚丽繁复的装饰风格，装饰内容驳杂，画面总体上给人以浑厚古朴、

图 4-9 古生村水晶宫本主"托塔天王"像

富丽庄重的视觉感受。还有的把火焰纹、团花、卷草纹及缠枝莲纹等植物图案组织在环环相套的同心圆之间，或配以向外发散的射线，构成美丽的圆形图案，产生了华贵庄重、光芒万丈的装饰效果。能够加深观者对神像的性格变化和表现出外在精神气韵的理解和感悟，彰显神祇形象神通广大，法力无边，寓意神的恩泽深厚，供奉者的崇仰、虔诚无所不在。

## 第二节 本主神像

本主神，即当地民间传说"有功德于民"，并能显灵救困、解厄消灾的历史人物或英雄形象。儒、释、道神祇和民间俗神无一缺项，天神、地祇、人鬼各方顾及，又有许多地方性神祇加盟。本主神有各式各样的封号，常见的有"景帝""皇帝""灵帝""圣帝""圣母""将军""老爷""太子""公主""龙王"等等。它是白族人民心中不倒的图腾。它并不局限于想象中的观念存在，同时也被客观化为具有感性形态的象征系统，以便为信徒所形象地感知和体认，它既承载丰富的宗教信仰意识，也寄托着信众追求完满、平安、团圆、幸福的美好愿景。世俗世界与神圣世界之间的协调，取决于人对神灵的忠诚与供奉。为了祈福纳祥，实现"寿连绵、世清闲、兴文教、保丰收、本乐业、身安然、龄增寿、泽添延、冰雹息、水周旋、家清吉、户安康"这十二心愿，白族人民虔心供奉本主。本主神像不着意于表现超凡脱俗和天国的神圣与光辉，而是着意于反映一种家庭伦理秩序，重现实人生，重人伦道德，是神圣与世俗的二元复合体。

本主神的来源极其复杂，本主神生前身份各异，几乎所有的白族村落都供奉一尊或多尊本主神，由各地民间艺人雕刻彩绘而成，因此本主庙内的本主神像数量众多，造型各异，千差万别。常见的本主神像可概括为帝王形象、文臣形象、武将形象和平民形象四种（还有数量众多的女性本主形象，将在下一节阐述）。

帝王形象是本主神像中最常见的一种。"帝"，古指最高的天神，也指专主一方之神。许慎《说文解字》云："王，天下所归往也。""三画而连其中谓之王。三者、天地人也。而参通之者，王也。"本主崇拜明显表现出对皇权的敬畏，并与神权相融合，本主神其实就是降于人间享受香火的封建帝王形象。受"君权神授"思想的影响，帝王本主集王权的至高无上和神权的神秘莫测于一身，象征了帝王无可置疑的权威与神圣、威严，体现出本主神"君临天下，神恩浩荡"的威仪。在百姓心中形成一种封建王权与神秘主义相结合的神圣感，须虔诚跪拜。

许多白子国、南诏、大理国的帝王身后都被白族人民封为本主，千百年来香火不断。如洱源县三营镇士登村本主庙供奉南诏王隆舜为本主，封号"阿嵯耶武宣皇帝"。洱源县右所镇大龙潭村本主庙供奉南诏王皮逻阁为本主，封号"东皇景帝活佛感应天尊"，又尊称"阁明王""神武王"。大理市大理镇龙龛村本主庙供奉南诏王世隆为本主，封号"迎风勒马景庄皇帝"。而大理国开国皇帝段思平之祖父段宗牓成为"五百神王之首""最高本主""神中之神"，封号"狮子国王一德天心中央皇帝"，其妻封为"神后"。同时他也是大理市银桥镇马久邑本主，封号"敕封清平景帝平夷功将本主"。他还是大理市下鸡邑本主，封号"本主大圣佑祚皇基清平景帝"。大理市湾桥镇南庄、上阳溪村供奉段宗牓和其弟段彝宗为本主，段宗牓封号"大圣西来护法灵镇五峰建国皇帝"，也尊称"大圣礼祚皇基清平景帝"，段彝宗封号"道优皇宗清平景帝"，也尊称"大圣佑祚皇基清平景帝"。大理市喜洲镇和乐村、鹤阳村尊段思平为本主，封号"神武皇帝本主"。

  本主庙中帝王本主神像的塑造往往借鉴剑川石宝山石窟和《张胜温画卷》上的南诏大理国国王造像特点：额宽鼻高，方颐薄唇，面相威武，目光如炬，神态肃穆。全家福形式构图，大量使用浮雕装饰，背光常用龙、凤、狮、虎图案，对称布局。多呈静态造像，正面端坐于龙椅上接受信众的朝拜，比起端坐莲花台更贴近世俗生活。帝王形象天庭饱满、鼻梁高耸、面相奇伟、身躯魁梧、仪表威重、神态肃穆，常双手执笏或手握宝剑、玉玺等象征法力、权柄的法器。白族民间有"耳朵大，子孙发"的俗谚。所以本主神及其夫人多为耳垂硕大丰腴的长耳，以示福相。

  庆洞神都也称"建国神宫"，供奉"五百神王之首"，大理国开国皇帝段思平之祖父段宗牓，神号为"大圣西来护法灵镇五峰建国皇帝"。正殿明间神台正中供奉本主神正面贴金坐像。本主头戴皇冠，身穿黄龙袍，姿态威严，表情威武肃穆，高高端坐于虎皮龙椅上。神像造型浑厚，形象逼真，面部表情刻画到位，眉目传神，威慑力强，表现出一种居高位者常有的"一切尽在掌控中"的无上权威。椅子扶手上雕有六个龙头，这就是民间所谓的"龙椅"，左右有二夫人配像。头梳高髻，戴花冠，眉骨弯曲，鼻梁高挺，下巴圆润，表情和蔼，观之可亲，满饰璎珞，肩饰披帛，身穿长衣，衣带线条流畅，披垂自然。

图 4-10 庆洞神都本主段宗膀像

白王宫苑本主张乐进求是白子国皇帝，神像体量高大，身躯敦实，正面端坐，显得端庄严肃，与文献记载中的南诏王造像特点基本一致，头戴高冠，身穿明黄色龙袍。观其面相，浓眉大眼，眉弓凸显，天庭饱满，双目平视，神情超然，耳大而厚，胡须浓密，嘴唇厚实，表现出一种宁静、飘逸的风度，

图 4-11 白王宫苑本主张乐进求像

显示他英明睿智，能洞察一切，代表了帝皇无上的权威和神秘力量。其侍从武将挺身而坐，眉毛和眼角上挑，双目凝视前方，双手张开，左手握剑鞘，右手握剑柄，双腿张开，神情紧张，高度警惕，文臣戴高冠，手捧金印，形象端庄清秀，神态淳朴忠厚。他们身材匀称，姿态自然，服饰上的衣纹流畅，富有个性。

打鱼村本主为"玉碧尊圣大王"，其本主庙"福圣庙"内的本主形象为皇帝正面坐像，头戴冕旒，身穿皇袍，眼睛大而长，呈杏仁形，鼻梁高挺，目光平视。三绺黑色长髯，面相端庄秀丽，神情安静文雅。双手捧笏，服装配饰精美复杂，线条流畅简洁，均衡感强。左右有文臣武将，文臣头戴宋代长翅帽，武将身披铠甲，头戴金盔，手握长剑。身后有龙凤呈祥背光彩绘。

大理市喜洲镇仁里邑村供奉"大中国"国君高升泰为本

图 4-12　打鱼村福圣庙本主"玉碧尊圣大王"像

主,封号"睿圣文明威灵景帝"。高升泰曾任大理国国相,绍圣元年(1094年)自立为王,国号"大中",在位二年,

图 4-13　仁里邑本主高升泰像

临终遗命还政于段正淳。本主庙内的本主像呈静态坐像，头戴佛冠，满面贴金，面相威严，双目炯炯，外眼角稍向上挑，眉毛向上略扬且眉毛弧度较大。身穿皇袍，披大红羽纱。身后的双龙戏珠背光图构图饱满，用色明艳，虬龙弯曲盘绕，充满动势，衬托出本主神像的霸气与神力。

而很多来源于民间的本主神既封"本主"，已然神圣化，不管生前是不是帝王身份，神号已称"景帝""皇帝""灵帝""大王"，自然神像也是帝王模样。如苍山神祠供奉本主"点苍昭民镇国灵帝"杜光庭，鹤庆县辛屯镇天子洞供奉本主"敕封昭济仁天惠康皇帝"顾富川，云龙县诺邓村三崇庙供奉"三崇建国鸡足佑民景帝"王骥，白王宫苑供奉本主李专珠……这些本主神生前都不是帝王身份，而本主庙内的神像皆头戴皇冠，身穿龙袍，一派帝王坐朝的景象。

苍山神祠所供奉本主为杜光庭，封号"点苍昭民镇国灵帝"，也尊称"玉局持邦灵照文帝"，杜光庭并非帝王身份，

图 4-14 苍山神祠本主"点苍昭民镇国灵帝"

可被供奉为本主后升格为"灵帝""文帝",庙内的本主神像也为帝王形象,头戴冕旒,身穿皇袍,腰垂玉带,慈眉善目,白眉白须。身后有圆形头光,显得神通广大、英明睿智,颇有几分玉皇大帝的尊容。

白王宫苑还祀张乐进求的亲家李专珠为本主。李公为摆衣傣家人,南诏王蒙氏拜安东将军职,授权边关征戍,曾在今凤仪镇东郊筑有安东城。暮年访亲至此,主人让正座于客,深感此地礼让之风,遂不思返而留居世乡。李公本为将军身份,可本主庙中的神像身着明黄龙袍,手捧笏板,端坐于莲花座上。左右有南诏文臣武将侍坐,俨然还是封建帝王形象。

图 4-15　白王宫苑本主李专珠像

白族村落供奉的本主神有不少是文臣身份,本主庙中的神像也是文臣形象。如大理市大理镇南门村本主段沛恩是南诏国时期的一位地方官,因其为官清廉,为百姓利益而献身,后被封为南门村本主,封号"玉局持封沛恩景帝",西门本主庙供奉清官大爷郑回为本主。大理市下关镇崇邑村唐林公祠供奉唐林公为本主；大理市凤仪镇大营村、新铺、白桥村三村共同供奉"唐宋八大家"之一的韩愈为本主；温泉村诸葛庙宇供奉诸葛亮为本主。

　　大理市下关镇温泉村诸葛庙宇供奉"五姓名首来安景帝"诸葛亮为本主。诸葛亮头戴簪冠，身披鹤氅，手摇羽扇，形象清秀，慈眉善目，面容和蔼，目光深邃，表情谦恭严肃，温文儒雅，表现了超凡的智慧和人神形象的圆满合一。从庄严肃穆的造像上，可以感受到胸怀宽广、英明睿智的贤臣形象。左侧是夫人坐像，头梳高髻，插凤头钗，面容丰润，眉清目秀，神情娴静，身穿彩衣，双手执笏，王妃模样。左右两旁还有文臣武将手执金印、宝剑，象征权柄，身后饰有云龙背光图。黑云滚滚，龙身若隐若现，确有"山雨欲来风满楼"之势。

　　颇为奇特的是，将军庙本主"龙尾山泉利济将军"李宓，

图 4-16　诸葛庙宇本主诸葛亮像

本是天宝之战的统兵将军，兵败身死，当地村民将其供奉为本主。本主庙中神像却是文臣形象，头戴方冠，粉面长髯，眉目舒展，杏眼圆睁，观之可亲。只有李宓身前和左右两侧披甲戴盔，手持兵器的骑马护卫和手捧宝剑、帅印的旗牌官能暗示其身份。

图4-17 将军庙"龙尾山泉利济将军"李宓像

本主神里有不少将军形象，头戴金盔，身披金甲，手执长刀或宝剑，足蹬马靴，高大威猛，面相英武。如大理市石屏村南海将军庙供奉的是宇将军父子，封号"囊聪独秀冠众应化景帝"；古主庄本主是"南京都督通海将军"张忠烈；沙栗木庄本主是"镇南将军颖川侯"傅友德；华营村本主是"敕封本主忠贞大将从戎护国神君";丰乐村本主是"敕封本主当朝辅国灵安济民威宁显化将军";漾濞县山客店本主是赵二将军;弥渡县白马庙供奉"唐朝得道景庄皇帝"白马将军为本主。

大理市下关镇石屏村南海将军庙供奉的是唐李宓将军部众字将军父子,随师征南诏。据大理市石坪村《南海将军庙碑记》所载:"因父子生前英勇善战,忠义可嘉,殁后敕封囊聪独秀冠众应化景帝……受四乡八村百姓祀。"封号"囊聪独秀冠众应化景帝",本主神像头戴金盔,身穿铠甲,身躯庞大、粗壮、圆润、敦实,正面端坐。面相英武,左手持红丸,右手握宝剑,身披大红锦缎披风,腰带上有饕餮纹装饰。身姿挺拔刚劲,威武强悍。在将军的外形和力度塑造上,借鉴了传统道教人物中天王力士的造型特征,体态浑厚刚劲,肢体刻画粗犷古拙,简略概括,呈现出饱满、浑厚、华润的特点。身后有火焰纹太阳圆光,五色祥云、水波纹背光。

图 4-18 南海将军庙南海将军像

大理市下关镇刘家营本主唐李三将军为天宝之战的殉国将军，李宓的部将。本主庙内的将军塑像头戴金盔，身穿金甲，着长靴，绑腿，端坐于红椅上，是一位有修养、有内涵而不失英勇的将军形象。头部造型结实有力，浓眉大眼，眼神坚定、深沉，表露出刚毅果敢的个性，方正的脸庞挺拔英俊、外武内秀。手握宝剑，剑是武器，也是权力监督的工具，本主持剑意在增强其正统性和威慑力。胸前的护心镜光可鉴人，足以显示其力拔山兮气盖世的英雄本色，但并非锋芒毕露。左侧侍从文官打扮，手捧金印，右侧侍从武将打扮，手握宝剑、令旗等物。

图 4-19 刘家营本主"唐李三将军"像

大理市双廊镇大建旁村本主庙和红山景帝祠供奉的本主都是南诏王册封的征南大军将王盛及其子、孙王乐、王乐宽，封号"赤男灵昭威光景帝"。大建旁村本主庙的本主神横眉

第四章 神祇造像

图4-20 大建旁村本主"赤男灵昭威光景帝"像

立目，表情夸张，头戴金盔，身穿铠甲，衣袍铠甲使用浮雕阴刻体现出质感，衣服的褶皱使用阳刻强化立体感。头上三个龙头，双目圆睁，张口吐舌，显得神秘诡异。本主神右手握长剑，左手握青蛇。形体魁梧健硕，刚劲有力，动感十足。文臣武将侍立两旁，背后有双龙戏珠背光对称构图。挂帐幔遮挡，更显其神秘莫测，法力无边。

颇为独特的是，大理市下关镇福星村本主"二将军"因剿匪、赈灾有功，被村民立为本主，本主塑像着国民党军官服饰，头戴军帽，足蹬马靴，左手持佩刀，右手平放，分腿端坐于神台正中，仍采用"全家福"样式，左右带副官和师爷，身后有旭日东升头光和卷云纹背光。

本主庙有时还将文臣武将形象的本主供于一堂，文武双

图 4-21 福星村本主"二将军"像

全可治国安邦，保一方清吉。大理市下关镇福星村委会深长自然村供奉"敕封显灵侯城隍"和"高大将军"为本主。城隍神头戴乌纱帽，身穿红色官袍，双手执笏板，身材颀长，面容宁静，广额秀颐，面貌清秀，脸型较长，鼻梁直而挺，与额头几乎成平面，双唇微合，唇线分明，表情祥和自然，显得温文儒雅、平易近人、和蔼可亲。造像古朴生动，形态逼真。铁线勾勒，以线造势，轮廓线清晰，服饰流畅飘逸，轻盈贴体，平涂上色，毛发和服饰质感逼真。蓝色水波纹背光与精美硕大的红色圆形头光相重叠，上有五色祥云，仙鹤口衔寿桃，饰以热烈繁复的火焰纹，动感十足。高大将军头戴金盔，身披金甲，肩披大红羽纱。右手执宝剑，足蹬长靴，端坐于神台上。浓眉大眼，额方口正，鼻梁高挺，显得正直端方。身后有圆形头光、火焰纹祥云背光。

大理市喜洲镇喜洲十隍殿将本主"妙元本主施主景帝"

图 4-22 深长村城隍神和高大将军本主像

和"敕封史城城隍"合供于本主庙正殿明间,本主神居左,城隍神居右。"妙元本主施主景帝"头戴长翅官帽,身穿官服,足蹬官靴,手捧朝笏,文臣打扮,脸方鼻直,容貌端方。从眼神中看出一种深邃和内心的沉寂,给人以无限的遐想,耐人寻味。"敕封史城城隍"头戴金盔,身着战袍,横眉立目,面相威武霸气,与中国传统"文要雅,武要威"的造像

图 4-23 喜洲十隍殿城隍神与本主神像

风格相一致。二神同保喜洲之安宁，想必百姓自然称心如意，安居乐业。

白族人对意志坚定、为国为民、无私奉献、不畏牺牲的精神品质予以高度肯定和崇敬，于是把品质优秀、勇武超群的猎神杜朝选；表现出超凡的勇气和智慧的斩蟒英雄段赤诚；智杀妖怪的阿杰尔；力挽狂澜，救万民于水火的农民领袖李定国；舍己为人、急公好义的药神孟优、盐神陈文秀，以及普通牧羊人、矿主、渔民甚至是乞丐等都奉为本主，其本主庙中的本主神多为平民形象。

周城灵帝庙本主为"主国清真灵帝"猎神杜朝选。猎户在古代属农民阶层却被封为"灵帝"被供奉，常年享受香火，其舍身之举被歌颂，平易近人的风格特征与"灵帝"

图 4-24 周城村灵帝庙本主杜朝选像

身份大相径庭。本主神像为粗壮的男子造型，体格健壮，体态饱满，神态逼真，色泽明快。五官比例适当，额宽鼻高，双目平视，耳朵厚实。右手持一把折断之剑，服饰体现猎户身份：身着紧身衣且用皮带扎紧，防止在树林中追击猎物时被树枝钩挂。将密集线条向手腕处翻转，其余关节处都刻出浅纹。用线条疏密展示衣物松紧。以粗加工的工艺手法处理衣物纹饰，粗细对比强烈，富有节奏韵律感。与本主不同，两位夫人容貌清秀，精神饱满。服饰质感强烈，穿浅色上装，扎蓝色围腰，蹬彩色布鞋，体形丰丽俊美，比例适度，面相清秀，服饰合体，姿态自然，神态逼真。面部圆润，眉毛细长呈弧形，高挺的鼻梁和较深的唇沟勾勒出圆润形象。三尊塑像皆下巴圆润，面色粉红，无压迫敬畏感，本主神平易近人的性格被淋漓尽致地体现出来，为百姓心目中其乐融融的家庭生活的真实写照。

## 第三节　女神形象

中国自清代以来盛行"母娘崇拜"，具有母性神格的女神以其慈悲温暖的胸怀救护饱受苦难的民众，使人们获得家庭美满幸福。女神崇拜与中国女性在现实中家庭、社会所扮演的角色相对应，从而与人们的心理需求密切结合。中华民族自古以来就是"重生""贵生"的民族，"天地之大德曰生""不孝有三，无后为大"。古人把生命的孕育看作最有德行的一件事情。医学不发达时代，妇女怀孕、生育危险颇多，生男生女原因不知，不育不孕等疾病无法治愈。而他们认为鬼在阴间生活品质的高低，决定于人间子孙通过祭祀所供给之物质的丰腴瘠薄，故有子有孙、多子多孙，不仅意味着家族在人世间的兴盛，也是离世者在阴间免遭饥寒的基本保证，因而祈求神灵护佑。本主崇拜有浓厚的女性文化背景，大批崇信者为民间劳动妇女，对生殖顺利、儿女安康、家庭美满有着更直接、更迫切的要求。这一时期正值白族本主崇拜盛行，因此也吸收了不少女神形象。本主庙内的女神形象主要包括女性本主、本主夫人和子孙娘娘像。无论是女性本主、本主夫人还是子孙娘娘都是孩童和妇女的守护神，与生育联系密切。相传她具有超凡的救济神力，能够"救产护胎，守护妇幼，保赤佑童"，职司着从投胎、受胎、定男女、保胎到生产、养育、哺乳、去病等诸多功能，满足人们祈求多子多福、平安顺遂的现实心态。因此，子孙娘娘崇拜与普通百姓的家庭利益息息相关，进一步与人们的伦理、情感结合起来，全方位地影响民众的情感与生活。女神以其慈悲善良的品格，美丽端庄的容貌，符合她们内在的人生需求，打动她们的心。神本性大大减弱，形象趋于生活化、世俗化，具有浓郁的世俗风情和现实感。因此子孙娘娘崇拜也得以广泛传播，经久不衰。

本主神系中有为数不少的女性本主。如剑川县西门外神登村本主是"大圣威静边尘卫国圣母"；洱源县邓川镇德源城本主是白洁夫人；大理市挖色镇高兴村本主是"玄德圣母"李金莲；下关镇大锦盘村本主是"莘爱圣母"；普和村本主是"敕封本境大圣威灵爱邦圣母"龙玉珍；玉龙村本主是"明德圣母"；凤阳邑村本主是"慈爱圣母"，小城村本主是"洱河公主"，福星村本主是"九天卫房圣母"金宵娘娘；湾桥镇古生村本主是"金太娘娘"等。

白族艺匠善于从现实生活中提炼概括形象，表达形神兼备的气韵，通过对女神造型及表情的刻画，衣饰纹理的处理来传达其非凡的气质和神采。人物刻画细腻传神，线条明快，

图 4-25 古生村本主金太娘娘像　　图 4-26 大理镇北门柏节祠柏节夫人像

尽皆衣饰华丽，且姿态不一，面相丰腴，肌肤细腻，修眉杏眼，鼻梁高挺，表情各异，神态雍容，造型逼真，栩栩如生，给人一种古朴、清雅的气息。具有温柔慈爱、婉丽多姿的女性特有之美，使得广大信众产生亲切感。这些女神形象既有人性的血脉、灵动，又有神女的冷峻、飘逸，端庄而清雅，眉宇间流露着神威。服装色彩以红、蓝、绿、青、粉、白色为主，色彩鲜艳，对比强烈，体现出富贵华丽的装饰效果。圆润的面容，丰满的身材，和蔼的表情，富有象征意味的吉祥装饰，以及那饱满的构图，婉转流畅的线条，大红大绿的喜庆颜色，都是民间所追求的审美趣味。如大理市湾桥镇古生村本主金太娘娘就是白族民众心中理想的女性形象。

大理古城北门有一座柏节祠，供奉柏节夫人也就是白洁夫人为本主。正殿神台之上端坐一身戎装的柏节夫人造像，身着金甲，腰悬宝剑，头上披大红羽纱。面相丰腴，肌肤细腻，眉清目秀，口似樱桃。左手握剑柄，右手执铁钏，雕塑细腻，一丝不苟，五官刻画细致入微，造型生动，色泽靓丽。

衣纹疏密有致,自然流畅,衣带飘拂若行云流水,曲尽形态。右手托铁钏,手掌莹润丰满,手指修长灵巧,显得雍容华贵,英武异常。侍女随侍左右,女兵打扮,用头巾高束发髻,一人左手执铁棒,一人右手持令牌,上书"节烈"二字。面形端庄,眉清目秀,神情肃穆,身段婀娜多姿,衣裙修长贴体,显得端庄大方,安详典雅。

大理市下关镇福星村本主庙内供奉本主"九天卫房圣母"金宵娘娘,为正面坐像,头戴宝冠,身穿凤纹锦袍,金钗霞帔,飘带飞拂。双手执笏,正襟危坐,面容丰腴,比例匀称,神态安详,眉目生动,耳大而厚实,衣饰柔美亮丽,衣纹婉转有力,色泽典雅大方,举手投足之间尽显女性的秀丽温柔和雍容华贵的气质。身后为圆形头光,双凤纹样背光,外饰火焰纹,左右有一青年一老年臣子随侍左右,青年臣子佩剑,老年臣子捧印。

大理市下关镇凤阳邑村本主庙内供奉本主"慈爱圣母"。

图 4-27 福星村本主金宵娘娘像

女神正面端坐于龙头椅上，体量高大，头上挽高髻并饰有花冠，鬓发护耳，面容丰腴，秀眉长眼，鼻梁挺直，五官端正，容貌清秀，嘴角上翘，面含微笑。身披黄缎披风，显得慈眉善目，温婉动人，神情安详，雍容高贵。双手捧玉笏板，侍女仆从侍立左右。身后有圆形头光，双凤朝阳背光，满饰水波纹和五彩祥云，把正殿装饰得热闹华美，充满动感。

本主的人际关系是高度生活化的，常见的供奉格局是正

图 4-28 凤阳邑本主庙慈爱圣母像

殿明间供奉本主神及其本主夫人、子女、侍女、仆从。模仿封建社会家庭结构，具有强烈的生活气息。所以本主夫人及其子女形象自然就成为象征平安如意、家庭和睦、生活美满的艺术符号。如红山景帝祠王盛本主、王乐本主身旁都有夫人配祀，中下节村、下作邑村、地石曲村本主庙中都采用"全家福"样式。

大理市湾桥镇向阳溪村本主庙中，本主张铭端坐神台中

央，左侧坐着本主的父母，右侧坐着大夫人、二夫人和孩子，文武判官和随从侍立两旁，俨然就是本主的全家福照。充满了温情脉脉的人间情味和世俗性特征，冲淡了本主大殿中的宗教神秘气息。

图4-29 向阳溪村本主庙张铭本主全家福

大理市下关镇太和村委会太一村本主是迟邦圣老人，封号"持（迟）邦圣朝护国安邦景帝"，本主头戴皇帝冕旒，身穿黄龙袍，双手执笏，正襟危坐于神台上，类似道教庙宇中的玉皇大帝造像。右侧有本主夫人坐像，夫人梳高髻，戴珠翠，身穿彩衣，大方得体，左手微举，手指呈"兰花指"之势，右手执团扇，动态自然而优美，神情娴静，面容清秀，杏眼高鼻，樱桃小口。身后饰有精美华丽的云龙背光图。

"祈子、保产、护婴、育婴"，是白族民众日常生活中的头等大事，因而大多数本主庙中无论本主神是何方神圣，往往供奉有子孙娘娘，表达人们对家庭和睦、子孙繁茂康健

图 4-30　太一村本主及其夫人像

图 4-31　中下节村本主及其夫人像

图 4-32　下作邑本主及其夫人像

的渴求与希冀。在本主庙中保产娘娘（或斑疹娘娘）、母乳娘娘、送子娘娘统称"子孙娘娘"，通常供奉于子孙殿中。

子孙殿里祀神格局灵活自由,主要根据祭祀空间的大小和当地村民的需要布局。有时是三尊同塑,有时塑两尊,有时是一尊,有时配祀痘二哥哥或其他送子神,有时没有,随意度大,不一而足。

大理市喜洲镇周城村灵帝庙偏殿供奉子孙娘娘,以三尊女性和孩童组成,观其面相,丰满圆润,慈眉善目,神态安详,双目平视,嘴唇自然闭拢,身姿优美,仪态万千,栩栩如生。居中为九天卫房圣母保产慈济元君(俗称保产娘娘),双手捧朝圭于胸前,保佑产妇及婴孩无病无灾;右侧为送子娘娘,怀抱婴儿,送子下凡;左侧为母乳娘娘,作哺乳动作,暗示产妇奶水充足。她们既不像佛教中的观音那样庄严肃穆,也不像道教中的西王母那样冷漠高远,而是向人间时时流露出慈母一般的关怀。两旁有两尊男性塑像,右侧为武官,披甲戴盔,行护卫之职。左侧为痘二哥哥,执宝剑和药葫芦,为孩童健康保驾护航。

白王宫苑偏殿有子孙殿,殿内有三尊女神正面端坐造像,

图 4-33 周城村灵帝庙子孙娘娘像

图 4-34　白王宫苑子孙娘娘像

皆梳高髻,戴珠翠,衣着华美,色彩艳丽,观其面相,丰肤莹润,神态安详。居中为保产娘娘,着对襟大红袍,双手捧朝圭,身边有金花太子和银花小娘站立,牵其衣角。身后有硕大的圆形头光和扇形背光,由缠枝莲花纹、串珠纹、回纹层层装饰。左右两位着粉红色长袍。左侧为送子娘娘,怀抱赤童,右侧为母乳娘娘,袒胸露乳,怀抱婴儿,她们身后有双龙戏珠背光图对称分布,左右还有文臣武将护卫。

大理市下关镇福星村委会深长村本主庙供奉三尊子孙娘娘像,正中一位为斑疹娘娘,着大红长裙,正襟危坐,身后站立金花太子和银花小娘,象征儿女双全,孩童健康成长,左侧为母乳娘娘,怀抱婴孩象征产妇奶水充足,右侧为送子娘娘,怀抱小儿做送子状。三尊神像身后有双凤朝阳彩绘背光图。

大理市湾桥镇上湾桥村本主庙内只供奉了一尊送子娘娘像,痘二哥哥居左,送子娘娘居右。痘二哥哥为青年男子形象,

图 4-35　深长村本主庙子孙娘娘像

图 4-36　上湾桥村本主庙
子孙娘娘像

图 4-37　下湾桥村本主庙
子孙娘娘像

着方冠，左手执伞，象征庇佑安康；右手执药葫芦，象征百病全消。送子娘娘怀抱赤童，身旁站着金花太子和银花小娘，身前身后还有侍女、仆妇、随从等配像。身后绘有蓝天白云、青山绿树、艳阳高照背光图，给人风和日丽、一家和睦、其

乐融融之感。下湾桥村本主庙内只供奉了一尊怀抱婴儿的子孙娘娘塑像，身旁还有金花太子和银花小娘形象。

图4-38　石龙村本主庙子孙娘娘像　　图4-39　银桥村本主庙子孙娘娘像

剑川县石龙村本主庙正殿次间供奉一尊子孙娘娘像，头戴冕冠，面含微笑，怀抱赤童，面部刻画突出慈爱、端庄、丰腴的特点，成为女性美满、幸福、理想生活的象征。而大理市银桥镇银桥村本主庙里也只供奉了一尊子孙娘娘像。

图4-40　下作邑本主庙子孙娘娘像

大理市喜洲镇下作邑本主庙的子孙殿里将斑疹娘娘、送子娘娘和母乳娘娘的特征合为一体，居中子孙娘娘正面端坐，坦胸露乳，暗示产妇奶水充足，怀抱小儿送子下凡，身前立有金花太子和银花小娘，左侧为痘二哥哥，左手执伞，右手执药葫芦，右侧为一怀抱小儿的武将形象。

云龙县诺邓村三崇庙中正殿次间供奉了三尊子孙娘娘像。居中供奉的是"九天卫房圣母保产慈济元君"，身前立有牌位，当地百姓俗称保产娘娘，左侧为送子娘娘，右侧为乳母娘娘。三尊彩塑造像皆为头戴花冠、面容丰腴的中年妇女形象，慈眉善目，观之可亲。因年代久远，已被香火熏黑，可造型古朴，容貌端丽，颇有地方特色和民间风格。

图 4-41　云龙县诺邓村三崇庙子孙娘娘像

本主庙中子孙娘娘如果三尊同供，居中女神多数供奉保产娘娘，少数供奉斑疹娘娘，行"保产、护婴、保康泰"之职。保产娘娘手持朝圭，斑疹娘娘手捧斑疹巾。其形象秉雍容绝

第四章 神祇造像

图 4-42　地石曲村本主庙子孙娘娘像

图 4-43　仁里邑本主庙子孙娘娘像

图 4-44　喜洲十隍殿子孙娘娘像

图 4-45　大建旁村本主庙子孙娘娘像

图 4-46　太一村本主庙子孙娘娘像

图 4-47　太二、太三村本主庙子孙娘娘像

图 4-48　凤阳邑本主庙子孙娘娘像

图 4-49　阳南南村子孙娘娘像

图 4-50　太四村本主庙子孙娘娘像

图 4-51　文笔村本主庙子孙娘娘像

图 4-52　柏节祠子孙娘娘像

图 4-53　北才村子孙娘娘像

色的贵妇之姿，虽为神祇，但观其面相，饱满圆润，肌肤柔丽，娴静泰然，容颜美丽端庄，衣饰鲜艳华丽，造型雍容庄重，脸庞和身姿圆润，体现出娘娘慈悲为怀、包容一切的亲和力。为白族村民虔心敬供。

图 4-54 打鱼村福圣庙
保产娘娘像

图 4-55 寺脚村本主庙
保产娘娘像

图 4-56 南门村本主庙
保产娘娘像

图 4-57 洱滨村本主庙
斑疹娘娘像

## 第四节 大黑天神、龙王和财神像

大黑天神、龙王和财神在本主崇拜中地位特殊，影响深远，他们既可做本主神也是常见的本主配神之一，与佛教、道教有着密切联系。

大黑天，梵语为Mahakala，音译为摩诃伽罗、嘛哈噶拉等，原是印度教中湿婆神的化身。相传湿婆为印度毁灭之神，他额上

143

的第三只眼能喷射出焚毁一切的烈火，具有极强的降魔能力。当天神与阿修罗搅拌乳海，欲从中取得长生不老的甘露时，作为搅绳的老龙王婆苏吉不慎将毒液吐入乳海，而这毒液足以毁灭三界。情势危急之下，湿婆毫不犹豫地跳进乳海，将毒液吞下，三界因此免遭灭顶之灾，但湿婆的颈项也被灼烧为青黑色，故又称"青颈神"。后佛教密宗将其吸收，成为大自在天的化身，"四药叉"之一，八大护法神之首。南诏王罗盛特使张建成入唐，求得唐王朝支持，归来于拓东城兴建土主庙，供奉大黑天神，《大灵庙记》记载："蒙氏威成王尊信摩诃迦罗大黑天神，始立庙肖像祀之，遇水旱疾病，祷无不应者，神主盟誓，独幽明，亦愿治者之所嘉赖也。"《新纂云南通志·宗教考》载："云南各县多有土主庙，所供之神非一，而以祀大黑天神者为多，塑像三头六臂，青面獠牙，狰狞可畏。何以祀此神像，民间传说多不稽之谈。近来留心滇史稍有涉猎，乃知大黑天神为阿阇梨教之护法神，盖其教以血食享祀，民间犹敬畏之。村邑立祠，疾病祷祝，初谓之大灵庙，后乃目之为土主也。"由此可知，大黑天神本是婆罗门教的变身，后成为佛教，尤其是密宗最重要的护法神。

大黑天神传入大理地区以后与当地原始宗教信仰相融合，被本土化、本主化后，嬗变为白族阿吒力教的主要护法神、本主神。现今本主庙内的大黑天神像或为三尊六臂形象，或为独尊三眼六臂造型，皆为泥塑上彩，体型、色彩、表情、神态、细部装饰各不相同。多为青面獠牙，面目凶狠，狰狞可怖，身躯半裸，手臂或双腿环蛇，肩挎髑髅环珠串，脚踩孤魂野鬼。大黑天神虽形象可畏，但能"驱鬼逐疫、剪恶除凶、护国保邦"，遂被白族人民尊奉为保佑一方清吉平安的神祇。

大黑天神在本主庙中被广泛供奉。大理市下关镇西窑村、寺脚村、阳南南村、大理市湾桥镇上湾桥村、下湾桥村、凤仪镇吉罗村、剑川县石龙村、鳌凤村、洱源县三营街、青山村、云龙县顺荡井村、松水村等都以大黑天神为本主神。而大理市打鱼村福圣庙、石屏村南海将军庙、温泉村诸葛庙宇、喜洲十隍殿、大建旁村、地石曲村、福星村、太和村、阳南北村、银桥村等本主庙在供奉本主神之外都有大黑天神彩塑造像。据调查,单是剑川县境内就有大黑天神庙68座,信众人数占全县白族总人口的60%以上。在白族传说故事中,大黑天神是玉皇大帝身边的神将,为救村民免于灾祸,他吞瘟疫烧身而变成凶恶相,以恶制恶压服众多恶鬼。白族村民认为,大黑天神是瘟神兼战神、福神,总之是本境保护神。他心地善良、舍己为人、救苦救难,不仅象征着毁灭,同时也意味着重生和为人间扫除疾病和祸害。因为只有彻底毁灭邪恶力量,才有可能出现一个新生的清明世界。

大理市湾桥镇上、下湾桥村都尊大黑天神为本主神,本主庙内的大黑天神塑像皆青面红须无獠牙,三目圆睁,一手执三叉戟,其他五只手分别执金铃、金环、金牌、照妖镜等法器,手臂上缠青蛇,身上斜挂一串骷髅头,腰带上有饕餮纹装饰,身披黑色披风,红、黄色羽纱装饰,云龙纹背光或

图 4-58　上湾桥村本主大黑天神像

图 4-59　下湾桥村本主大黑天神像

火焰纹背光。

大理市下关镇阳南南村以大黑天神为本主神，而阳南北村以大黑天神为本主配神。阳南南村本主庙内的大黑天神塑像通体黝黑，面容清瘦，黑面獠牙，横眉立目，右手执三叉戟，身后有硕大的火焰纹头光和云纹、水波纹背光。阳南北村本主庙内的大黑天神塑像青面红须，立眉突眼，翘嘴獠牙，手臂上、腿上缠有青、红蛇，赤脚挂脚铃，赤裸上身，有项圈、骷髅头装饰，下身着绿裙，通体湖蓝色与红色毛发造就强烈的诡异感，身躯粗壮，形象威猛，看起来凶猛强悍，能震慑四方，次间有木雕花罩分隔装饰。

4-60　阳南南村本主大黑天神像　图 4-61　阳南北村官圆堂配神大黑天神像

剑川县石龙村和鳌凤村都尊大黑大神为本主，其塑像为独尊三眼六臂造像，赤眉红须，青面獠牙，高鼻卷髯，狰狞怪异，凶煞可怕。三目远视，象征能洞察阴阳两界。顶戴金箍大圣冠，颈束黑色大圣巾，肩挎骷髅环珠串，以虎头前披护腹，双足环蛇，着大圣靴。六只手分别持三叉戟、金刚杵、日轮、月轮、金牌、鼓槌等法器。肩挎骷髅头环珠串，火焰

图 4-62 剑川县石龙村本主大黑天神像

图 4-63 剑川县鳌凤村本主大黑天神像

图 4-64 大建旁村本主庙配神大黑天神像

图 4-65 地石曲本主庙配神大黑天神像

纹背光，看起来颇为瘆人。

龙是中华民族的重要图腾形象，龙腾挪奔扑，精力充沛，生命力强，是祝颂福寿和生命力繁衍的象征。在中国传统文化中，龙又是最大的雨神，能行云布雨、降福消灾，保佑一方风调雨顺、五谷丰登。佛教传入中国带来了"龙王"的称谓。

图 4-66 打鱼村福圣庙配神大黑天神像

图 4-67 石屏村南海将军庙配神大黑天神像

唐玄宗时，诏祠龙池，设坛官致祭，以祭雨师。最早将民间龙神正式封王的封建帝王是宋徽宗赵佶。徽宗大观二年（公元1108年）十月，诏天下封五龙庙皆为王爵。青龙神受封广仁王，黑龙神受封灵泽王，赤龙神受封嘉泽王，黄龙神受封孚应王，白龙神受封义济王。皇帝的封赐表明朝廷对民俗龙王正统地位的承认，如此"龙"便被拟人化、神圣化为"龙王"，人形龙王自然以帝、王特征为主。大小庙宇中所供奉的龙神不再是动物的形象，而是一尊尊披皇袍、戴皇冠、庄严肃穆的龙王神像。清朝统治者更是热衷于加封龙王。顺治三年，清高宗福临封运河龙神为"廷麻显应分水龙王之神""令河道总督以时致祭"。雍正二年，清世宗胤禛封云南各盐井神为"普润龙王之神"。乾隆五年，清高宗弘历加封黑龙潭龙神为"昭灵沛泽龙王之神"，乾隆九年，又封玉泉山龙神为"惠济慈佑龙神"。乾隆二十二年在甘肃嘉峪关外立龙神庙，春秋致祭。

　　大理多泽国，因此龙王崇拜在大理白族地区极为盛行。它既是白族村落的重要崇拜物，建有专门的龙王庙，也是重要的本主神。如洱海神祠又名龙王庙、洱水祠，供奉斩蟒英雄段赤诚为本主，封号"翊运阐辟乾坤裔慈圣帝洱海龙王大圣"，也尊称"洱水龙王"。仙都龙庆寺又名洱河祠，供奉"洱河灵帝"段赤诚为本主。石屏村应海庙本主是"敕封翊运阐辟乾坤裔慈圣帝"段赤诚，实际上都已演变为龙王崇拜。大理市湾桥镇古生村供奉"洱海龙王"为本主，庙名就为"水晶宫"。吉祥村本主是"白龙王"，封号"至道护锡民白龙本主彻南景帝"；地石曲村本主是"如意宝珠赤子龙王"；绿桃村本主是"龙母"；羊皮村本主是"白那陀龙王"；登龙村本主是"东海龙王阐辟乾坤裔慈圣帝"；阳乡村本主是"水府龙王本主"……据不完全统计，仅大理市内各乡镇就有龙王本主45个。最奇特的是大理国国王段思平被洱源县茨冲村尊为本主，被神圣化以后称为"龙王段思平"。洱源县西湖本主庙除了供奉白洁夫人为本主，同时也供奉"敕封本主当年得道九头龙王"为本主；凤羽镇铁甲村本主是"大圣威灵得道龙王"；邓川镇腾龙村本主是"大圣东海龙王玉璧天帝"；漏邑村本主是"茈碧湖龙王第九女"；剑川县江长渡村本主是"马祖龙王"。这些五花八门的龙王本主其实是白族民间原始宗教与中原汉族龙王崇拜相结合以后的产物。众位龙王本主"莫不勤力行云布雨，令诸众生热恼消灭。"保一方风调雨顺，清吉平安，消灾弥难，保佑众生。

宝林寺供奉"白那陀龙王"为本主，其神像为皇帝彩塑坐像，头戴皇帝冕旒，身着黄袍，面部饱满方圆，神情安然祥和。观其面相，眉骨突目，眼睛奇大，鼻梁高挺，眉宇间透着英气，下巴略微向内收，饱满圆润。五绺长须，双手执笏，大耳，头戴冕旒，双龙戏日背光。适当夸张局部，从而表现出体量厚重、面部端庄、四肢灵活的整体感，眼珠突出，在五官中比例大，眼睑厚实。侍女仆从立于两旁，手执团扇。

身后有双龙戏日背光图,龙全身呈黄色,身体蜿蜒,踏流云凌空奔腾,张口伏角。

图 4-68　宝林寺本主"白那陀龙"　　图 4-69　地石曲本主"如意宝珠赤子龙王"像

仙都龙庆寺,又名"洱河祠",所供奉本主是斩蟒英雄段赤诚,因舍生取义,救护村民,死后被封为本主,神号"洱河灵帝",也尊称为"洱水龙王"。他已经被神化为龙王了,因此神像身穿黄龙袍,高高端坐于龙椅之上,扶手上雕有六个龙头,文臣武将立于两旁,态度顺从谦恭,服饰、姿态以及手持之物各不相同。文官戴乌纱,身着官袍,显得温文尔雅,

图 4-70　仙都龙庆寺本主"洱水龙王"段赤诚像　　图 4-71　应海庙本主"敕封翊运阐辟乾坤裔慈圣帝"段赤诚像

气定神闲。武官戴头盔，身着铠甲，显得威武雄健，气宇轩昂，仆童、侍女两腮红润，低眉顺目，表情恭谨，帐幔遮挡，左右有木雕盘龙柱，形成双龙戏珠图案，是老百姓想象中的中国古代宫廷生活的一种形象写照。

洱源县右所镇松曲村、团山村东川大庙，也称"东海灵源"，供奉"大圣东海龙王玉璧天帝""东海灵源玕璧天帝""三太子赤男景帝""五太子白男景帝"为本主，神台上供奉四尊木雕本主像，两"天帝"端坐于神台正中，涂金面，高冠上饰有五个木雕龙头；两"太子"涂粉面，帽子上饰有三个木雕龙头。这些龙头皆为身份地位的象征，其实就是龙王崇拜。东川大庙是一复合型庙宇，其中也供奉龙王、观音、老太、财神及其虾兵蟹将，除了龙王殿外，在水池旁还建有一小庙，有顶有墙，无门无窗，三面墙上绘有龙形图案，建有神台，可供人祭拜。

图 4-72　洱源县东川大庙本主神像

图 4-73　洱源县东川大庙龙王像

还有部分规模较大的本主庙在本主大殿之外，庙宇建筑群中专设龙王殿或龙王神像，供信众祭拜，以保风调雨顺、五谷丰登。如红山景帝祠、剑川县鳌凤村本主庙都设有龙王殿。这些龙王像与中原地区的龙王像颇为相似。

财神本是道教俗神，既主个人财运，又是家庭、村落及

图 4-74 洱源县东川大庙龙王神龛

商行的监护神。财神司财，保佑人们驱邪避恶、发财致富、扬善惩恶、取财有道的功能深入人心，备受欢迎。中国民间信仰中财神形象颇多，而本主庙里都以武财神赵公明为正财神。据道教神话故事，赵公明秦朝时避世山中，虔心修炼，后被张陵收为徒弟，命他骑黑虎，守护丹炉。魏晋南北朝时期，是上帝的将军之一，隋唐以后为五瘟神之一，玉皇授以"正一玄坛元帅"之称，元明以后逐渐演变成为掌赏罚诉讼、除瘟去症，消病禳灾之神，买卖求财，使之宜利，招财进宝，所以被民间视为财神。

发财致富是民间人们最普遍的愿望，财神也是本主庙中的重要配神之一。庆洞神都、苍山神祠、白王宫苑、红山景帝祠、仙都龙庆寺、喜洲中央祠、将军庙、宝林寺、石屏村南海将军庙、周城南景帝庙以及大建旁村、地石曲村、仁里邑、上湾桥、下湾桥、寺脚村、温泉村、太和村、深长村、刘家营村、喜洲七邑村、下作邑、阳南南村、银桥村等本主庙内都供奉财神像。而个别白族村落也奉祀财神为本主，如大理市大理镇北才村。本主庙内供奉的财神赵公明像，造型相似而动作、神态迥异。通常顶盔披甲，着战袍，头戴铁冠，一手执元宝，一手擎铁鞭，元宝与钢鞭象征财富与权威。黑面浓须，尊容颇凶，形象威猛。身跨黑虎，以虎为坐骑象征力大无穷，法力无边，为人所景仰崇拜，故又称"黑虎玄坛"。常用摇钱树、聚宝盆、大元宝、宝珠、珊瑚等宝物为背光图案，以增强福臻财源之效果。

图 4-75　红山景帝祠龙王像　　图 4-76　剑川县鳌凤村本主庙龙王像

在道教神仙谱系中财神地位不高，在本主庙中财神多供奉于偏殿、耳房或过厅中，以彩塑或彩绘形式塑造，出现频率很高但祭祀等级并不高。赵公明属下还有四位财神：招宝天尊、纳珍天尊、招财使者和利市仙官，合称"五显财神"。为了避免人物过多的烦琐和雷同，节约空间，民间艺人通常把这四位财神合成招财进宝、纳珍利市两尊,以童子的形象塑于赵玄坛的两侧,甚至省略。

苍山神祠供奉有财神彩绘形象,将财神形象绘于神台后的墙壁上。财神怒目圆睁,须发贲张,表情刻画生动,坐于猛虎背上,猛虎回头张口作大吼状,虎尾高翘,显得威猛有力,飘带飞拂,充满动势。神台供案合二为一,其上设香炉供品,两旁模拟红纸金字对联形式,将对联直接彩绘于墙壁上:"苍山万年青,代代保平安。"耳房有壁有顶,但无门无窗,形式相对简陋。

图 4-77 苍山神祠财神像

图 4-78 白王宫苑财神像

图 4-79 红山景帝祠财神像

白王宫苑的财神为彩塑造像，财神赵公明坐于黑虎背上，粉面长髯，圆睁双目，显得不怒而威。右手执木制金鞭，高举过头，左手握金元宝置于胸前，身后墙壁上绘有圆形头光，扇形背光，用回纹、串珠纹、卷草莲花纹层层装饰，造型生动，用色明艳。

红山景帝祠财神横眉立目，乌面浓须，张口断喝，威慑力强。头戴铁冠，冠上嵌有小圆镜，光亮耀眼，身披金甲，前胸饰有饕餮纹、护胸镜，显得威武霸气。右手高举铁鞭，左手握元宝，坐于猛虎背上。猛虎怒目圆睁，大张虎口，露出尖利的虎牙，左右立有招财进宝、纳真利市两尊配神。身后饰有摇钱树，金色铜钱满天飞。

福星村本主庙的财神塑像头戴金盔，身披战袍，武将造型，神勇威猛，似一切势不可挡。右手执金鞭立于胸前，左手托金元宝置于腹前，面黑多须，横眉立目，眼球突出，怒目圆睁，面部肌肉紧张，表情刻画粗犷、夸张、生动。坐于猛虎背上，显得威武深沉，处处表现出他是一位威力无边的"神人"，能纠察一切善恶，维护公平正义，令一切鬼怪望而生畏。

刘家营本主庙的财神身披金甲，挂大红羽纱，胸镜光可鉴人。左手托金元宝于胸前，右手执钢鞭高于头顶，头戴乌纱帽，双目

图4-80　福星村本主庙财神像　　图4-81　刘家营本主庙财神像

图 4-82　中央祠财神像　　图 4-83　文笔村本主庙财神像

图 4-84　将军庙财神像　　图 4-85　洱滨村本主庙财神像

图 4-86　庆洞神都
　　　　　财神像　　图 4-87　阳南南村本主庙财神像

第四章 神祇造像

图 4-88 挖色下本主庙财神像 　　图 4-89 仁里邑本主庙财神像

图 4-90 上湾桥村本主庙财神像 　　图 4-91 下湾桥村本主庙财神像

图 4-92 太一村本主庙财神像 　　图 4-93 太二、太三村本主庙财神像

图 4-94 太四村本主庙财神像　　图 4-95 云龙县诺邓村三崇庙财神像

圆睁，眼珠奇大，双耳垂肩。老虎与神性情温和，五官造型夸张，个性突出，惟妙惟肖，颇有卡通味道。左右有善财童子配像。

大理市喜洲镇七邑村中央祠偏殿内供奉财神赵公明，身躯粗壮，圆脸浓胡，颜色深沉，一脸凶相。执金色钢鞭向上扬起，表现出倨傲之势。左手握金元宝于胸前，象征财富，上身挺立，直坐于虎背，右脚跷于虎颈上。财神骑黑色黄纹虎，虎尾细长上卷，虎爪前后交错屈伏。虎背下沉虎头圆润，表现出跳跃前预备之势，用动态的黑虎配合财神威严相，显示出无穷的神力。

大理市海东镇文笔村本主庙财神像粉面长髯，虎头朝左，赵公明倒骑于黄虎背上，身后有圆形头光，金元宝背光，均为放射状，让人感觉天光普照，光芒四射，更添神之威仪。

## 第五节　其他附属神像

本主崇拜属于多神崇拜，神祇系统繁复庞杂，除了在本主庙正殿、偏殿内供奉本主神、本主夫人、大黑天神、子孙娘娘、财神等重要神祇外，在耳房、过厅、回廊、门房等位置还常奉祀山神、土地神、六畜神王、牵马神、门神等其他附属神灵。

山神、土地神也是本主庙中的常见配神。一方土地养育一方百姓，一方山水滋润一方文化，白族人民感念大自然的恩赐，不忘祭祀山神土地。在本主庙里山神、土地神常常合塑一龛，合称"山神土地"，百姓一同祭拜，通常供奉于偏殿、耳房等次要位置。

山神信仰源于原始自然崇拜，山是重要的地理标志和文化象征，人类对其产生了崇尚、敬畏、疑惑和恐惧之情。云贵高原上山脉绵延不绝，人们触目可及的便是山。多山，也多山体滑坡、地震塌方、雨雪冰雹、泥石流等自然灾害。原始山民在万物有灵观念的支配下，自然山体与神秘性、灵异性相联系，便诞生了"山精""山鬼"，进而发展为相对实体化、神圣化的居山之"神"，当然就是山神。白族人认为每一座山峰都是神灵的居所，山神是最灵验的神灵，同时也是最易发怒的神灵，既能因人们的奉祀而庇佑人们出入平安、出产丰厚，也能因触犯山神而降灾降难，所以祭祀不绝，香火旺盛。本主庙中的山神塑像多为武将模样，头戴金盔，金盔上有山形或锥形凸起，象征高耸的山峦，身穿金甲，表情严肃，横眉立目，形象英武霸气，显得神秘威严。

由于先民相信土地是有灵性的，因而把它作为自然崇拜的对象。农耕民族出于对粮食丰收的祈求和依赖，就产生了土地崇拜。中国古代素有奉土祭社的礼俗。古代称"社神"为社公或土地神，"社"是地方最小的行政单位。古人尊天而亲地，为报答大地之恩赐而奉土祭社，在传说故事中，土地神总是一位心肠善良、温厚笃实、和蔼可亲、平易近人的老公公形象。根据传说塑造出来的土地神形象通常为白须、白发、笑容可掬、福态吉祥的老人、员外或德高望重的族长、家境富裕、颇通诗书、主宰一方的地主、乡绅形象，故而民间多尊称为"土地公公"。他通常头戴折叠帽，身穿对襟长衫，垂足端坐，面庞圆而丰盈，两眼微眯，满脸皱纹，神态稳重，笑容慈祥温厚，神情和姿态温和自然、大方庄重。有的手握元宝，兼带财神功能。既有"土地公公"，自然就该配有"土地婆婆"，于是有的本主庙中就将地母神塑于土地神旁边，合为一龛，称为"土地公公土地婆"。

石屏村应海庙山神土地合塑一龛，左山神右土地，山神为年轻武将打扮，着银盔银甲，面色深长，无须，双目圆睁，龇牙咧嘴，右手握宝剑，左手握金元宝。右脚踏猛虎背上，猛虎显得弱小温顺。土地神为老年员外打扮，头戴方冠，身穿长袍，白眉白须，慈眉善目，左手握金元宝，右手拄拐杖，均正面端坐，接受信众跪拜。身后绘有山石青松背光图案，象征"万象长青"，鲜亮的壁画增添了殿内的华丽气息。

大理市经济开发区满江村委会地石曲村本主庙内将山神、土地供奉于偏殿，左山神右土地。山神戴金盔，披金甲，武将打扮，头上和两耳上有山形凸起，作为身份、地位的象征。左手平放于膝盖上，右手握宝剑，左脚踏于猛虎背上。土地神头戴方冠，身穿大红长袍，员外打扮，须发皆白，慈眉善目，左手握元宝，

图4-96　石屏村应海庙山神土地像

图4-97　地石曲村本主庙山神土地像

右手拄拐杖。山神土地一文一武，一慈祥一威严，一老一壮。

剑川县鳌凤村本主庙配有专门的山神庙，有房而无门窗，神台上供奉山神、土地泥塑像。山神戴头盔，着银甲，横眉立目，络腮胡，一脸凶相，右手高举开山斧，坐于猛虎背上，吊睛白额猛虎张开血盆大口，露出尖利长牙，尾巴高卷，充满动势。土地神白须垂胸，两眼微眯，嘴角上翘，慈眉善目，满面堆笑，右手拄拐杖，十分和蔼可亲。身后有卷云纹硕大圆光和祥云背光装饰，显得热闹繁复。

图 4-98　剑川县鳌凤村本主庙山神土地像

图 4-99　深长村本主庙山神土地像

图 4-100　太一村本主庙山神土地像

图 4-101　下湾桥村本主庙土地公土地婆像 　　图 4-102　阳南南村本主庙土地公、土地婆和山神像

图 4-103　周城村灵帝庙山神土地像 　　图 4-104　寺脚村本主庙山神土地像

农业社会中需要专司家禽、家畜健康免遭疫病的神祇，于是就诞生了围绕养殖业生产的六畜神，包括牛神、猪神、马神、羊神、鸡神和狗神，被拟人化、神圣化之后合称"六畜神王"。祭祀六畜神与追求财富健康在本质上完全相同，都是以强烈的功利性、世俗性需求出发，要求神祇具备相应功能。

本主庙中的六畜神王有的供奉于正殿回廊左右的围屏前，有的供奉于正殿内左右两侧或过厅，或偏殿。根据祭祀场所的宽窄大小，或供奉两尊、四尊，或供奉三尊、五尊，甚至只供一尊作为代表，少有六尊全部供奉齐全的，随意性很大。六畜神王的重要程度取决于供奉村庄里牲畜养殖业的

图 4-105　周城村景帝庙六畜神王彩绘像

图 4-106　周城村灵帝庙六畜神王彩塑像

所处地位。如果养殖业是村中的重要支柱产业，六畜神王的供奉位置就比较重要，多供奉于偏殿或耳房中，有神台、背光，装饰繁复。如果村庄里养殖业不发达就将六畜神王供奉于过厅、回廊等次要位置，无门无窗无神台，形式简陋少装饰。如庆洞神都、仙都龙庆寺、打鱼村福圣庙、周城村景帝庙、周城村灵帝庙、洱源县东川大庙以及仁里邑、上湾桥村、七邑村、阳南南村本主庙都有六畜神王形象，有彩塑和彩绘两种艺术表现形式。如大理市喜洲镇周城村有两座本主庙，村南的名"灵帝庙"，庙中供奉的六畜神王为彩塑兽首人身像，猪神长着猪头，手执钉耙；牛神长着牛头，手执三叉戟，靠墙立于正殿两侧。铁线勾勒，衣纹立体感强，形象生动。村北的名"景帝庙"，庙中供奉的六畜神王为彩绘兽首人身像，直接将六畜神形象分格彩绘于正殿左右两侧墙壁上。线条简洁流畅，平面构图，平涂上色。

本主庙中的六畜神像具有人和动物合一的特征，有的兽首人身；有的完全拟人化，只夸张部分特征作为标识，如猪神则长着猪鼻子、猪眼睛；牛神则长着牛鼻子，牛眼睛；有的头上戴着兽首面具作为标识；还有的以六畜为坐骑或身旁有动物形象为标识。

洱源县松曲、团山村本主庙内于偏殿中供奉五尊六畜神王像，为兽首人身像，以牛神为尊，牛神居中上坐，其余四尊手执工具分列两旁。造像体量高大，雕刻细致生动，用色鲜艳，有卷云纹背光图案。

剑川县石龙村本主庙的三尊六畜神王像分左右供于正殿外回廊上，猪神、牛神是兽首人身像，马神却是神王脚踏马背为标识，三尊塑像体量较小，形式简陋，无彩绘背光装饰。

庆洞神都、沙漠庙中央祠、大理市大理镇南门村、下关镇阳南北村、地石曲村、海东镇中下节村本主庙的六畜神王像都是以头戴兽首面具作为标识。而湾桥镇古生村本主庙内只供奉了一尊猪神像，不仅头戴兽首面具，而且身旁立了一头猪，明白无误地表明其身份职能。

大理市下关镇石屏村南海将军庙的六畜神王像则是神王右脚踩踏各种动物形象，以此为标识。阳南南村、太一村本主庙的六畜神王像则是以动物坐骑为标识。

本主庙里还有一种很独特的神像：牵马神形象。根据本主传说故事，本主神常常需要外出巡游，体察民情，需要牵

图 4-107　洱源县松曲、团山村本主庙六畜神王像

图 4-108　剑川县石龙村本主庙六畜神王像

图 4-109　庆洞神都
　　　　　六畜神王像

图 4-110　七邑村中央祠
　　　　　六畜神王像

图 4-111　阳南北村本主庙六畜神王像

图 4-112　中下节村本主庙六畜神王像

图 4-113　南门村本主庙六畜神王像

图 4-114　挖色下本主庙六畜神王像

图 4-115　古生村本主庙猪神像

图 4-116　沙漠庙六畜神王像

图 4-117　石屏村南海将军庙六畜神王像

图 4-118　太一村本主庙六畜神王像

马神侍候，所以部分本主庙的过厅、门房内会塑有牵马神，这也是本主庙的重要标志和一大特色。形制完备、规模较大的本主庙内多塑有牵马神形象，如白王宫苑、宝林寺、红山景帝祠、挖色下本主庙、仁里邑村、向阳溪村、下湾桥村本主庙，以及剑川县石龙村本主庙内皆有一对牵马神形象。

宝林寺门房内塑有两尊牵马神，分列左右两侧，均一手牵马，一手执红缨枪，立眉突目，面相威严，一人张口吆喝，一人双唇紧闭，表情生动，形态逼真，动感十足。

剑川县石龙村本主庙在门房两侧塑有一对牵马神形象，双手牵马，面相温和，着当地白族男子出行服饰，脚蹬长靴，一副时刻准备着驱马外出的模样，正是茶马古道上马帮赶马人的生动写照。

图 4-119　宝林寺牵马神像

图 4-120　剑川县石龙村本主庙牵马神像

图 4-121　仁里邑本主庙牵马神像

第四章 神祇造像

　　门神是守卫门户的神灵，系道教因袭汉族民俗所奉的司门之神，用以驱邪辟鬼，敬神拜佛，求福祈，保平安，降吉祥，表达了人们对平安顺遂的向往与追求。本主庙大门上常常有硕大的秦琼、尉迟恭等武门神油漆彩绘图案，色泽鲜艳，造型淳朴，线条简单清晰。门神彩绘通过繁复的图案、丰富的色彩和大量繁密的细节刻绘，展现出绚丽夺目的门神服饰，颇具民族风格和地方特色，更加体现出门神的尊贵地位。门神面相威武，不怒自威，手执刀、剑、长矛、金铜等兵器让魑魅魍魉不敢贸

图 4-122　下湾桥村本主庙牵马神像

图 4-123　白王宫苑牵马神像

169

图 4-124　挖色下本主庙牵马神像

然闯入。它虽成平面化却依然流露出丰富生动的神采。

庆洞神都门神为油漆彩绘，用色秾丽，构图夸张，明显可以看出头部与人物整体比例失调，重点刻画头部，夸大了头部在全身结构中所占的比例。身体及手足极具简化，大多以线条带过，这与古代人物雕塑原则中"将无脖项"的造型要求相呼应，大睁铜铃般的圆眼，胡须浓黑茂密。使头部看上去大而饱满，简约、整体、厚重、大气，充分展示出门神的气度与威武，给人强烈的视觉冲击力和鲜明独到的风格印象。

周城村景帝庙门神为武将造型，头戴金盔，身披铠甲，结构比例夸张但合理，头部硕大。一手握日月牌，一手握长剑，圆睁三目，从面部造型可以看出明显强调眼睛的刻绘，夸大其在脸部的比例，形状圆如铜铃，眼神透出一股威严凌厉的气质。须发贲张，张口断喝，描绘出一副粗狂凶煞又憨直可爱的形态。从肢体的结构比例上可以看出，缩短的四肢使躯干显得更加粗壮，体现出门神的魁梧、勇猛。繁复的服饰刻绘与完整简练的

图 4-125　庆洞神都门神　　图 4-126　周城村景帝庙门神

图 4-127　下湾桥村　　　图 4-128　挖色下本
　　　　　本主庙门神　　　　　　　主庙门神

面部造型形成鲜明的疏密关系对比,起到了相互衬托的作用。

总之,本主崇拜是多神崇拜,神祇数量众多,来源复杂。本主庙里雕塑传神,彩绘精彩,充分展现了白族民间艺匠精巧别致的雕塑、绘画技艺和手法,代表着白族人民的审美情趣。神像是道德人格化的具象体现和典型表征,不仅要明道,还要明德;不仅要表现其超凡越圣的神格、神品,还要表现其道德、伦理、信仰宗旨和赫赫神威。造像艺术的庄严之美、神异之美、丑怪之美、凶猛之美、狰狞之美、刚烈之美、英气之美无不显示其中。这些都是本主信仰赋予它的神格特征，也取决于民间艺匠的理解与想象。本主庙里正殿明间神台上主祀本主神，配祀本主夫人、本主父母、儿孙、家臣、部将等，左右两侧立判官、文臣武将；左右次间或偏殿供奉大黑天神、子孙娘娘、山神土地等重要配神；耳房、回廊、过厅、门房等次要位置常供奉财神、六畜神王、牵马神、门神等。众多神像常以彩绘、泥塑、木雕等艺术形式表现，造型细致、端庄，服饰艳丽，线条洒脱流畅，表情生动，独具民族风格和地方特色，是白族本主艺术的重要代表。

图4-129 向阳溪村本主庙门神

# 第五章 大理白族本主庙的装饰技法

本主庙因其在结构与造型艺术等方面具有鲜明的特点而自成一体，建筑装饰在这些特点的形成中起着一定的作用，正是不同的、多种多样的表现手法造成了本主庙与众不同的外观形象和文化内涵。这些表现手法凸显了本主庙装饰艺术必须遵循的"天有时，地有气，材有美，工有巧"四项基本原则。本主庙装饰顺乎天时，因地制宜，除一般的髹漆粉饰外，几乎动用一切材质，如青砖、瓷砖、灰瓦、汉白玉、云灰石、麻石、琉璃、石膏、木材等，采用雕塑、绘画、铺装、书法等表现手法对每一构件和部位进行精雕细刻和不遗余力的修饰。具体来说，在本主庙的装饰中主要采用石雕、砖雕、木雕、堆塑、彩绘、壁画、书法、匾额、对联等手法，以丰富的内容和形式反映出广大乡民的审美趣味、审美理想以及对传统文化的理解。

建筑是一种介乎于审美和实用之间的艺术形式，建筑的第一属性是实用性，只有借用各种各样装饰艺术的表现手法，才可能成为观赏性与功能性齐备，形式感与实用性兼具的真正的艺术形式。中国传统建筑装饰艺术的表现手法主要包括地铺、琉璃、雕塑、绘画、书法等。地铺主要包括地面铺装的材质、手法以及地画，在中国古典宫苑、庙堂建筑中还可运用不同的材质将天井、室内地面铺装、拼贴成各种图案，或在铺装好的地面上雕刻作画，成为一种重要的建筑装饰手法。但在本主庙装饰中，地铺不是装饰重点，仅以青砖、水泥、瓷砖铺平完事，少有刻意修饰。琉璃装饰是中国传统古建筑中常见的一种装饰手段，琉璃对建筑色彩的渲染达到了极致的程度，不仅使建筑显得华丽富贵，拥有多姿多彩的外观形象，而且其色泽的亮度、立体感和反光性使得建筑流光溢彩，蔚为壮观，增添了强烈的装饰意味。"对于建筑整体的处理，琉璃装饰无疑是一种最能烘托气氛，最能衬托气势的装饰手法之一。"[1]经过调查发现，较早建造的本主庙没有琉璃装饰，只有新近建造，规模较大的本主庙在正殿的屋顶、脊兽、鸱吻和金库、银库的屋顶上采用部分琉璃装饰，在建筑形态和色彩上构成了丰富性和对比性，如将军庙、官圆堂等，但使用数量较少，艺术手法单一，没能形成自己独特的风格和影响力。

在本主庙装饰中最常使用的表现手法是雕塑、绘画和书法，其中以木雕和彩绘为最典型代表。

## 第一节 雕 塑

"无雕不成屋，有刻斯为贵"[2]。建筑与雕塑本为姐妹艺术，相辅相成，相得益彰。"雕塑是通过物质性的实体，在三维空间中塑造形象的艺术……雕塑是可感的。雕塑以体量而立形，所以雕塑必须也只能在真实可感的审美场域呈现，通过可穿透的空间意象和体块形象，能动地开创诗性空间。"[3]雕塑

---

[1] 王谢燕.中国建筑装饰精品读解.北京：机械工业出版社，2008年，第11页.

[2] 赵霞.云南民居门窗技艺体系的构成及其特征.昆明理工大学，2004年，第12页.

[3] 万书元.艺术美学.高等教育出版社，2006年，第102-105页.

借助形状、材质、凹凸、转折、明暗、色度等要素的对比与协调，起到装饰点缀、烘托气氛、创造意境的作用。其精湛的雕塑艺术，精美的形状，把本主庙装点得富贵活泼，令人叹为观止。

本主庙中常用的雕塑形式有石雕、砖雕、木雕和堆塑四种。

## 一、石雕

本主庙中的石雕以汉白玉、大理石、芝麻石、花岗岩等为主要材质，主要施用在门楼、廊柱、门墙、柱础、台基、屋脊、石栏杆等处，其中最常见的是大理石。大理石石质细腻，光泽温润，纹理如烟云流水，质地温暖亲切，天然形成的花纹或似山川丘壑，或似云海波涛，给人以无穷遐想。表面有半透明状的晶体组织，能够表现细微的浓淡阴影，具有特殊的装饰效果。更兼本地大量出产，因而广泛使用。它的优点是防火、防潮、防虫蛀；其缺点是缺乏韧性，容易断裂，伸缩性差，抗震性能差。

石雕以圆雕、透雕、浮雕、线刻等技法写意传神，寓意造型。整合趋势明显，刀法流畅而古朴大方，雕刻技法娴熟、细腻。石雕造型整体感与节奏感把握到位，画面构

图 5-1 下作邑正殿石狮

图 5-2 寺脚村龙纹路斜

图 5-3 官圆堂线刻：张良拾履

图 5-4　官圆堂石雕盘龙柱　　图 5-5　将军庙栏杆圆雕、双面透雕莲花图案

图 5-6　白王宫苑石雕麒麟　　图 5-7　将军庙石雕麒麟

图饱满,造型生动活泼,朴拙大方又不失典雅,达到了较高的艺术水准。特别值得称道的是,石雕艺人在雕刻的同时,还注重色彩与造型的搭配、对比与照应。在总体上和谐统一,于华丽中透着典雅,形成色彩与石雕技艺的融合。

本主庙中石雕的题材与内容以植物类和鸟兽类为主,少见故事类、山水类。

下作邑本主庙正殿前的汉白玉石狮,体型硕大,线条粗犷,圆雕与线刻并用,双目圆睁,嘴巴微张,长毛披散,线刻成涡卷纹样,胸前饰有标志牌,好似上岗证,二分威严七分亲切。造型生动,风格迥异,韵味十足,不像凶悍的王者,更像忠实的看门犬,让人感觉进庙如进自家庭院。白王宫苑镶嵌于高台基上的麒麟状排水孔,构思巧妙,造型别致,将实用功能与艺

图 5-8　太和村、福星村本主庙门楼砖雕

术装饰融为一体，让人惊叹民间艺匠非凡的想象力与创造力。

寺脚村本主庙的路斜装饰雕刻精美，造型生动，装饰效果明显。路斜由云龙图案构成，云灰石镶边，以深浮雕为主，并以浅浮雕和线刻辅助造型。色泽温润、层次分明，更显得玲珑剔透、栩栩如生。石雕装饰与建筑结构严丝合缝，成为一个有机的整体。官圆堂内有花岗岩线刻张良拾履图，该装饰采用大块完整的天然花岗岩打磨平整，细线浅刻各种人物、山石，镶嵌在墙面条石中间。从近处看构思巧妙，线条简约流畅，人物造型生动逼真，画面色调柔和，构图饱满完整；从远处看，褐色花岗岩与青灰色条石一暖一冷，色彩反差极大，使得主体与背景的色彩对比关系明确，形象突出，具有较高的艺术品位和文化价值。

二、砖雕

砖雕俗称"花砖"，是民间艺人以锯、钻、刻、凿、磨、拼等手法，经过"打坯""烧造""出细"等工序，把青砖加工成各种图案，作为建筑物上某部位的一种装饰结构和表现手法。"砖雕艺术始于明代，由窑匠鲍四首创。"[1] 砖雕所用青砖，是用经淘洗过的泥土精制而成，砖质坚韧细腻，表面平整规矩，便于形象细刻、磨光、拼嵌雕刻。题材内容

---

[1] 臧丽娜. 明清徽州建筑艺术特点与审美特征研究. 山东大学，2005年，第21页.

包括历史故事、神话传奇、山水花鸟、佛道人物等，以具有吉祥寓意的图案为主，如灵瑞异兽、花草鸟兽、福禄寿喜、岁寒三友、鹤鹿同春、麒麟卧松、博古花瓶、鸳鸯荷花等。人物故事较少，而动物、花卉题材在所有砖雕中，被视为精工细作的中心，所占比例甚高。

　　白族艺匠在制作过程中往往将圆雕、浮雕、透雕、线刻等多种技法并施，圆雕造型逼真，写实性强；浮雕层次分明，立体感强；线刻简练挺拔、粗放刚劲。并越来越注重以精细生动的层次铺排和细部刻画来体现构图的透视变化和景致的远近关系，制作技法趋于成熟。

　　本主庙的砖雕主要施用在门楼、门罩、门楣、屋檐、屋顶、回廊、围墙等处，其中以门楼、屋顶和回廊砖雕施用范围最广泛、最集中。门楼砖雕主要施用于檐下。

　　福星村本主庙门楼檐下有砖雕立柱，柱上有圆雕盘龙图案，弧形门洞上方有深浮雕云龙如意图，门洞左右两侧分格雕有吉祥花草并镶嵌文字。砖雕艺人在尺余见方、厚不及寸的青砖上阳刻出盘长、花草图案，砖心部位粉白，镶嵌文字，左为"万古"，右为"长存"。文字以下分格雕饰荷花、芦苇、山茶、飞鹤等，外饰变形盘长纹。屋脊上的砖雕装饰包括屋脊的吻兽和雕花护脊，造型优美，雕工朴拙。多数屋顶的砖雕构件不饰彩，也有少数砖雕在烧造成型以后再饰彩。

　　如神都大门正脊中央镂空雕刻成双龙戏珠图，左右两侧饰有浅浮雕卷云纹，正脊顶端的鳌鱼鸱吻起翘夸张。戗脊部位雕有几何纹和花草纹样，造型朴实简洁，多元活泼。为保持其稳固性，间隔使用镂空雕和浮雕，上盖筒瓦。先雕后彩，用色以蓝、白为主，对比鲜明，凸显整座门楼的造型特征。大关邑本主庙回廊上的砖雕"龙凤呈祥"图，左为团龙，右为团凤，线条规整而又流畅自如，形象生动逼真，呼之欲出，构图严谨统一，工艺精美细腻，青砖雕镂而不饰彩，端庄深沉，精细而不失大气，迎合而不流俗，丝毫没有矫揉造作之感。

### 三、木雕

本主庙建筑秉承中国传统建筑的结构形式，以木构造框架作为装饰的载体，从而发展出以梁架变化为内容的装饰体系，形成斗拱、梁枋、雀替、门罩等特殊的装饰构件。大理地区木材资源丰富，装饰尤以木雕见长。木雕装饰在本主庙装饰中随处可见，几乎可以装饰的部位都有木雕的存在，就连其他地区的建筑多用砖雕的屋瓴、壁龛、门楼、斗拱、雀替等部位在本主庙中也多用木雕代替。白族人善于雕刻，至南诏、大理国（唐宋）时期，木雕技术水平已很高，具有较强的实用性和艺术欣赏性，大量用于建造宏丽的宫殿、庙宇、园林和民居建筑。[①] 材料的特性决定了工艺方式。对木构建筑而言，手工工艺加工木材比石材更为容易，雕琢成任何形状、图案并不艰难，因此所有构件都能做出装饰性处理，加

图 5-9　白王宫苑团龙、团凤砖雕图

---

[①] 孙丹婷. 大理白族建筑木雕装饰技艺精神. 昆明理工大学，2005年，第22页.

图 5-10 本主庙内梁架结构木雕

图 5-11 本主庙内门窗隔断木雕

工成各种柔和的曲线。本主庙建筑通常选用冬季采伐的椿木、楸木、锻木、青皮木等质地较硬的木材作为制作材料进行雕、镂、刻、画。较早保存下来的本主庙建筑,木雕风格朴素粗犷,画面内容简单,使用技法比较单纯,主要采用平雕和浅浮雕手法,强化线条造型,作品往往缺乏透视变化所产生的效果。近期新建或翻修过的大型本主庙建筑,装饰风格较前期有了较大的变化,木雕艺术也逐渐向精雕细刻过渡,多层透雕取代平面浅雕而逐步成为主流,并出现了一些追新逐异、炫耀绝活的审美趣味。艺匠们更加注重装饰的趣味性,强调对称构图。构图与布局逐渐趋向缜密繁复,并追求华丽的画面装饰;雕刻手法多采用深浮雕和圆雕,提倡镂空效果。

  白族木雕的雕刻技法完备,有浮雕、圆雕、透雕、混雕、线雕、隐雕、剔雕、贴雕和嵌雕等等。浮雕、透雕、圆雕是其中比较具有代表性的表现形式。浮雕有高浮雕和浅浮雕之分,但两者间没有明显界限,层次分明,高低错落,富于立体感、深度感和空间感。圆雕刀法圆润厚实,特别讲究形态美而不是线条美,线条融合趋势明显,刀法融精致于古朴大

图 5-12  本主庙内木雕隔扇二十四孝图

方之中，没有线刻与透雕那样细腻、烦琐。要求造型准确，形象生动，雕刻精美，打磨精细，刀刻成线，由数道合而为一，刚中有柔，写实性强，体现了浓厚的生活气息和民俗民风。透雕刀法十分讲究，图案的精细，更要求走刀的虚实掌握更准确，中央部分中锋用刀，刀口垂直，以推刀、提刀、顺刀、逆刀来雕镂。要做到线条流畅自然，构图繁而不乱，疏密相间，结构严谨，主题鲜明，将各种物体的质感和运势自如地表现出来十分不易。雕刻完工后其缺陷处要用腻子贴补，再用砂纸打磨光滑，最后刷桐油，上漆，彩绘，贴金箔。

木雕根据其施用部位，可以分作梁架结构木雕和门窗隔断装饰木雕。梁架结构木雕集中在梁托、斗拱、雀替、檐角、牛腿、花枋、垂花柱等处，梁架结构木雕一方面要考虑木构件的承重功能，另一方面考虑美观效果。就装饰精美程度而言，梁架结构木雕以梁枋、斗拱、雀替最为精彩。

如深长村本主庙廊柱插架下的花枋、雀替等，施以两面透雕，装饰有凤穿牡丹、松鹤延年、喜上眉梢等图案，还用拼贴方法加厚梁头的左右两侧，梁头上雕刻有回纹、云纹、花草，生动的龙、凤、狮、象等形象，曲折婉转又棱角分明，刀法娴熟，柔中带刚，别有一番情趣。并髹漆彩绘，使其更加浑圆饱满，色泽鲜亮，甚至封檐板也雕成动植物或几何纹样。檐下三跳三垛木质斗拱雕工细腻，造型圆润饱满，坚实而美观。门窗隔断装饰木雕主要集中在隔心、绦环板、裙板、花窗、挂落、门罩等处。门窗隔断装饰木雕以隔心部分最为突出。隔心雕饰注重细部刻画，雕刻手法多用深浮雕、透雕和圆雕，多为两层或三层，也有的还以繁多的层次刻意制造镂空的效果，多达四层或五层，颇有追新逐异、炫耀绝活之感。

官圆堂正殿及左右偏殿都是三开间建筑，五十四扇格子门分别雕有二十四孝图和各式花鸟鱼虫、园林山水、琴棋书画、福禄寿喜、梅兰竹菊和博古图案等等。二十四孝图均为两层贴雕，最有代表性的是扇枕温衾、卧冰求鲤、鹿乳奉亲、乳姑不息、卖身葬父、哭竹生笋、闻雷泣坟等故事。构图以四季山水和动植物为底衬和边饰，烘托人物形象，突出故事情节，并进一步采用细木工艺装饰，雕饰菱花、卷草、卍字、福寿等纹样，增加了装饰功能，具有精美和纤巧玲珑的艺术效果。上漆贴金之后尤显华贵，极具观赏性。人物衣着素朴，色彩沉稳，人物表情各异，举手投足皆能体现人物喜怒哀乐的个性特征，触目成趣。繁密的动植物形象层层交错，构图饱满，浑厚朴拙，生活气息浓郁，表现手法热情奔放，反映了工匠技艺的精湛和功力的深厚，同时也映射出民间艺匠和广大信众的审美情趣与价值取向。

### 四、堆塑

堆塑也称"灰塑"，是用石膏、水泥灰浆、混合泥土等材质堆合、塑造成各种造型的一种艺术表现手法。在本主庙中可用于门楼、照壁等重要部位，增加其立体感和艺术表现力，但并未普遍使用。如上末村本主庙门楼的檐下横枋上绘有两人对弈图，为了增加立体感和形象的逼真性，树木、山石和人物造型均采用堆塑手法，先堆塑后饰彩，使得明暗对

图 5-13 太一村门楼　　图 5-14 深长村门楼堆塑
　　松鹤延年图　　　　　　　麒麟吐书图

图 5-15 深长村照壁堆塑猛虎下山图、云龙戏珠图

比更强,色彩的表现力更突出。太一村本主庙门楼的檐下横枋上塑有松鹤延年图,色彩艳丽,立体感极强。

深长村本主庙照壁上的猛虎下山图,圆形画框,内有砖红色镶白边回纹装饰,画框中心塑有下山猛虎,为了突出主体部分,虎的造型和五色祥云采用堆塑手法,显得层次分明,图案表现力极强。

## 第二节 绘 画

绘画在本主庙建筑装饰中由来已久,它以丰富的图案、多变的色彩、精妙的构图渲染出或热情奔放或清幽淡雅的空间氛围,从而有力地突出了建筑的艺术风格。本主庙的装饰绘画按其装饰部位和技法运用的不同,主要分为彩绘和壁画两类。

"彩绘通常是使用色彩和图案进行装饰,形象简洁概括,程式化较强,内容的表达经常采用隐喻的手法。"[①] 彩绘装饰是中国传统建筑的一大特色,同时也是本主庙建筑最具特

① 崔鹤亭,崔轩. 中国传统建筑墙、地界面装饰艺术 [M]. 北京:机械工业出版社,2009 年,第 140 页.

第五章 大理白族本主庙的装饰技法

图 5-16 本主庙内隔扇门隔心图案

图 5-17 本主庙内花雕木窗

图 5-18 本主庙内镂空花窗

色的装饰。在本主庙中彩绘多用于门窗、梁枋和天花的装饰。

本主庙的门窗彩绘装饰与剑川木雕工艺密不可分，木雕技艺的发展在一定程度上也推动了彩绘的发展。因为木料不能经久，白族很早就采用在木材上桐油打底，批灰髹漆的办法，以保护木质，并加固木构件用榫卯结合的关接，具有防蛀、防潮、防腐等保护建筑木构件的实用功能，同时增加美观，达到实用、坚固与美观相结合的目的。白族工匠用油灰嵌缝做底，墨线勾勒图案轮廓，油刷自然土漆，饰以彩绘，

185

表现出鲜明的地方特色和艺术个性。"雕彩结合""先雕而后彩"是本主庙门窗装饰的一大特点。经过雕刻与彩绘，原本朴实无华的门窗其文化品位明显上升，显得灵动而富有韵味。白族艺匠在建筑装饰中最敢于使用色彩，也最善于使用色彩。大门整体漆丹红色或深褐色，给人以庄重、肃穆的感觉。格子门根据所雕内容施以五彩，用色鲜艳，给人以欢畅、愉悦之感。有的以青、蓝、黄、白、红等淡雅色调为主，整体感觉朴素大方；有的以红、绿、金为主，给人以"红红火火，金碧交辉"之感。格子门两侧的大花窗通常髹漆不饰彩，涂为红褐色，温暖而深沉。另有少数花窗，有彩无雕，靠色彩的明暗深浅造就立体效果，只有装饰作用而无实用功能。

梁枋彩绘是在露明的梁枋部位的两立面和底面彩绘，这是中国传统建筑中保护木构件的一种重要措施，同时也起到了装饰美化的作用。本主庙内梁枋彩绘的色彩鲜艳夺目，纹样图案丰富，图案千变万化，纹样多姿多彩，组合搭配美妙绝伦，是最能体现白族独有的文化底蕴和审美情趣的装饰手法之一。主要以平涂勾线、图案造型为主，以退晕技法为辅，以青绿两色为主色，红黄两色为辅色，秀丽、素雅、绚烂而富于变化。"中国传统彩绘经过长期的发展和演变，到明清时期形成三种基本形式，即和玺彩绘、旋子彩绘和苏式彩绘。"[1] 本主庙内的梁枋彩绘继承并发展了这一传统，表现出鲜明的地域性和民族性。和玺彩绘色彩对比强烈，精丽绝艳；旋子彩绘色调妍雅，旋花形式成熟，程式感强；苏式彩绘色彩艳丽，色调分明，内容丰富且不定型。

和玺彩绘是所有彩绘中等级最高的一种，以龙凤、花纹

---

[1] 崔鹤亭，崔轩. 中国传统建筑墙、地界面装饰艺术 [M]. 北京：机械工业出版社，2009年，第140-141页.

图 5-19　白王宫苑正殿和玺彩绘

为主要图案，中间以连续的横 M 形曲线相隔组成，华美炫彩，色泽鲜亮。如白王宫苑正殿的双龙戏珠和玺彩绘，藻头部位由蓝、绿、白、黄等色交错间隔，组成八道横 M 形曲线，绿色为底，左右两侧均有云龙图案遥相呼应，枋心部位蓝底起杏黄色双龙戏珠图，饰彩不贴金。用蓝绿相配的冷色，更强调了阳光的温暖和阴影的清凉，形成一种悦目的对比。

旋子彩绘是图案化彩画，画面布局素雅灵活，富于变化。以圆形切线为基本线条组成规则的几何形纹样，藻头部位由青绿旋瓣团花组成，色彩淡雅。枋心部位图案多为米字格、松纹、锦纹、几何纹、草叶纹、卍字纹等，穿插变化，丰富多姿。如南门村本主庙的一整二破旋子彩绘。藻头部位由一个完整的

图 5-20　南天财神庙正殿旋子彩绘

团花和两个半圆团花组成，枋心部位由米字格锦纹图案组成。

本主庙彩绘中最具特色、运用最广泛的是苏式彩绘，在门楼、正殿、配殿、回廊上都可见其踪迹。其形式特征是把屋檐下的檩、垫、枋三种构件连成一体装饰构图，中央部位形成半圆形的"包袱"，在包袱内自由绘制各式图案。苏式彩绘没有明确的枋心部位，艺匠们凭借着娴熟的工艺技巧与刻意求精的创作态度，随意自如地运用意象造

图 5-21 本主庙内苏式彩绘

型的手法,塑造了各种吉祥的形象、图案和纹样,在整个梁枋部位自由作画。构图活泼自由,主题分明,布置疏朗,形象耐人寻味,造型变化多端,题材丰富多彩,艺匠怀着强烈的创作热情将花卉、灵异、飞禽走兽及松纹、卷草、几何、团花、博古、字画、望不断、如意纹、包袱锦纹等巧妙地融合在一起,丰富但不繁乱,画面井然有序,构成"有意味的形式",取得彩绘与建筑的统一。用色讲求与梁架的色彩协调,所有题材纹样统一于共同的色彩氛围中。艺术处理重点突出、繁简分明,甚得审美要领。施色方法以重彩表现,以透视关系分出浓淡变化。或者突出局部的蓝、绿等冷色调和深褐、橘红、金黄等暖色调搭配调和,清雅中显示出富丽。或者以石绿为主色,配以赭石、三青、黑色为辅色,以重彩绘染,显得沉着而有生气,把梁枋结构装饰得华美绚丽又充满韵律。

　　天花属于内檐装饰，可同时运用于回廊和正殿顶部，它是用木条相交叉形成若干规整美观的大矩形或棋盘式方格，中间填绘彩画而成。本主庙内天花构图深受传统绘画艺术的影响，讲求虚实相生、疏密有致。在图案上，将团龙、团鹤、团凤、团花和如意、博古、卷草、盘长、望不断等穿插运用。华丽繁缛，但主次分明，繁而不乱。在装饰题材上更加丰富多彩，装饰风格也更加雍容华贵，富丽堂皇。

图 5-22　本主庙内天花装饰

图 5-23　本主庙内天花装饰

　　本主庙是以木结构为基本构架的一种框架结构，由梁架、柱承担整个屋顶的全部荷重，墙只起围护空间的作用，这就为壁画的绘制提供了极大的灵活性。于是在本主庙的殿内及外墙面上布满了各式壁画。"壁画则是指用绘画的形式,形象写实,色彩随内容而变化,没有固定的模式。"[①]

本主庙内的壁画主要分布于神像背后、殿内左右两侧墙壁上、回廊、照壁、墙垣等处。其制作方式是素泥打底,白灰罩面,等白灰彻底干燥以后在墙面上直接作画。以矿物质颜料为主,经除硝后和胶水按照一定的比例配置而成,色泽艳丽,经久不褪。着色方法经常采用平涂、润染的表现形式,既和谐又绚丽。人物形象生动,故事内容丰富。本主故事、神话传说、历史典故、宗教故事、民间传奇、自然山水、花鸟鱼虫等应有尽有。一方面受民俗文化的影响,突出大众性,构图饱满、繁冗、巧密,用色大胆,对比强烈,五色斑斓;另一方面受中国水墨山水画影响,构图疏朗、简约、清秀,用色淡雅,追比文人,清雅精致。

以宝林寺殿内装饰为例进行分析。宝林寺正殿和配殿都为单檐歇山顶建筑,正殿为五开间,配殿为三开间。正殿顶上有天花吊顶,天花涂为蓝底,圆光内绘团龙、团花纹,四周饰以黄色如意云头卡子花,三层矩形边框分别为白色、橙色、青色,拐子纹围合,四周还有白底红绿相配的莲花卷草纹,色彩对比明显。神台上方为连续排列的山茶团花纹,横枋卜绘有水墨山水、丹凤朝阳、双龙抢珠等图案。正殿明间有四根朱红漆柱,中间两根漆柱正面悬挂黑底金漆木刻对联,上书"正气凛然十九峰前称圣帝;神恩浩荡三春景内颂龙王"。本主圣号为"白那陀龙王",所以本主神座后有双龙戏日背景图案,配神神座后有麒麟现瑞、盘龙、飞凤、仙鹤等图案。神台为砖石

---

① 崔鹤亭,崔轩.中国传统建筑墙、地界面装饰艺术[M].北京:机械工业出版社,2009年,第140页.

图 5-24　十八罗汉图　　　图 5-25　八仙过海图

图 5-26　唐僧取经图　　　图 5-27　丹凤朝阳图

砌筑，花岗岩、瓷砖贴面，边饰绳纹花边，褐色花岗岩铺地。就总体艺术效果来看，上半部分用色鲜亮，线条流畅，气质飘逸；下半部分用色深沉，外形端庄，气质沉稳。配殿内装饰与正殿装饰相一致，同样的雕梁画栋、天花吊顶，神座背后和两侧墙壁都绘有壁画。正殿右侧供奉山神、土地，神座后绘有崇山峻岭、松柏梅花，两侧墙壁上绘有十八罗汉图；正殿左侧供奉送子娘娘和财神，送子娘娘神座后有丹凤朝阳图，财神座后有摇钱树，两侧墙壁上绘有唐僧取经图和八仙过海图。

## 第三节　文字装饰

　　本主庙建筑装饰以雕塑、绘画为暗示，以文字装饰为明示，寓情寄意、托物言志，使人由感觉的世界进入观念的世界，提升其艺术境界。按其表现形式，本主庙的文字装饰可以分为书法题壁、匾额、对联三种形式。

191

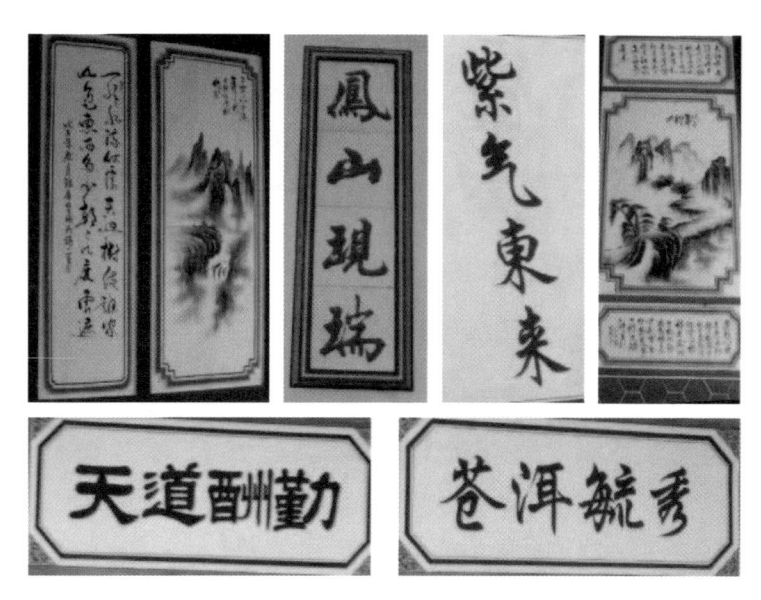

图 5-28　本主庙内书法题壁

本主庙的书法题壁赋予建筑以生命和灵魂，是白族文化精神的写照。在门楼、照壁、墙垣、回廊、梁枋等部位都有书法作品与绘画间隔使用，既增添其美观性，更丰富其文化内涵。按其内容可以分为祈福纳祥类、教化类、情趣类和颂赞类。其中使用数量最多的是情趣类，表达了人们在逛庙之余游山玩水的闲适心境。

在本主庙的文字装饰中，匾额是极富特色的一种建筑装饰，更增添了本主庙作为宗教建筑的宏伟肃穆的环境气氛，同时也是民族精神和地方文化在建筑上的集中体现。本主庙内匾额众多，它们以丰富的文辞内涵加贴切的装饰形式，既赏心又悦目。悬于门户则门楣增色，置于厅堂则蓬荜生辉，可以丰富景观层次，拓展景观内涵，具有"画龙点睛"的作用。

本主庙的匾额是由白族民间制作的艺术品，皆为横匾无竖匾，有石质匾额和木质匾额，雕刻手法分阴刻和阳刻两种。最常见的是木制长方形，正中书写从右到左的阴刻题字，往往笔力遒劲，色彩浓重，色调分明，气氛静穆庄严。右上角题写本主封号，左下角题写供匾者的姓名、日期等落款。本主庙匾额多为简单的题字悬挂，少有华丽考究的装饰，显得朴素淡雅、一目了然。只有少数匾额饰边、雕彩。如阳南北村本主庙正殿内的"大道悟生"匾，红底金字，四周由金色阴刻回纹围合；七邑村本主庙正殿外的大理石"福荫万民"匾，上部有线刻金漆双龙戏日图案。

在古汉语中，匾、额二字所指的意义不同，匾指颂词，额为名称。匾额常被称作"古建筑的灵魂"，它具有点题、标名、劝诫、祈福、感恩、警示、布道、扬善、装饰等多重意义。[①]匾额集建筑装饰艺术、书法艺术、文学语言和人文精神于一体，

图 5-29　本主庙内匾额

① 王谢燕.中国建筑装饰精品读解.北京：机械工业出版社，2008年，第23页.

寓教化于美化，以丰富的人文内涵，为建筑内外环境营造了一个精神文化空间。本主庙内匾额按其内容分，可以分为标名类、颂赞类、恩佑类、教化类、祈福纳祥类。其中使用数量最多的是恩佑类，表达了人们希望得到神灵庇佑、消灾免难、事事如意的美好愿望。匾额以高度凝练的语言、隽永的书法、耐人寻味的人生哲理和弘扬真善美的精神为本主庙营造了一个具有积极意义和文化品位的精神文化空间。从书体上看有隶书、楷书、行书、篆书、草书等，颜体楷书可增建筑之壮美，柳体行书可凸显建筑之妩媚，汉碑之体势可增添古朴的内涵，怀素草书汪洋恣肆，充满动势美。与建筑相辉映，产生相得益彰的谐调感。

在本主庙中几乎是有门必有联，对联既有丰富的文化内涵，也有装饰的形式之美。对联所包含的文学、书法、雕刻对建筑的美化作用同样引人注目。它能使建筑物生气盎然、意境深邃、引人联想、发人深思，雕刻艺术精湛，形象生动。表现手法有浮雕、阴刻、阳刻等。

本主庙中的对联按其镌刻或书写的方式可分为柱联、木刻悬挂联和纸对联三种。柱联是直接刻在木柱或石柱上的对联；木刻悬挂联是本主庙对联中数量最多，也最有代表性的形式。门楼两侧、过厅、正殿楹柱上、格子门上、神座前皆可窥见其踪迹。纸对联往往是逢年过节或本主圣诞时临时书写张贴的对联，没有悬挂木刻对联的木柱上、格子门上、神位前都可张贴。按其内容分，可以分为颂赞纪念类、恩泽神佑类、教化类、绘景抒情类和祈福纳祥类。其中使用数量最多的是颂赞纪念类和恩泽神佑类。人们尽情颂赞本主神的功德与神威，万民感戴，希望获得神灵保佑。

其中不可忽略的一类是教化类对联。它往往是无声的教诲，对恪守家庭伦理与乡规民范持续不断地起着依托、训诫、

图 5-30　本主庙内对联

警策的作用。教育乡民如何做人、如何处世、如何奋斗、如何成才，从而形成本主庙内部独特的文化氛围，体现了白族人的价值观念与人生理想，是白族宗教理想与伦理道德观念的一个很有特色的表现。从形式上看，本主庙对联中有一类嵌字联，即把"本主"两个字分别嵌于上下联之首，以此来标明本主庙的性质。甚至把村名、邑名标于上下联之首，明白无误地表示出这是该村的本主庙,十分独特。如庆洞神都正殿的木刻对联为"本在六诏初护法除魔群摧一人有道;主于中秋节诞生显圣长享万寿无疆。"下作邑本主正殿的木刻对联为"本慈皇惩恶扬善构建和谐社会;主公道扶正压邪确保众民安康。"太和村本主正殿楹柱对联为"本座无私持正义;主权有道不偏心。"正殿内本主神座两旁的对联为"本是为民祈雨泽;主乎斯土享馨香。"下作邑正殿对联为"作善慈众朝皇德;邑忠民信颂帝恩。"把"作邑"两字嵌在其中,让人回味无穷。本主庙中还有不少对仗工稳、构思精巧、内蕴丰厚的长联,如官圆堂本主正殿大门悬挂的长联"巍巍马耳峰前延连碧绿衢通畅达阡陌耕歌麦熟春风秋香稻穗溢溢池塘映月柳燕戏涟漪翠谷闻樵芸游峻峦蓝空腾鹜矶岛渔舟览湖光涟漪玉案烟霞苍山暮霭;炳炳阳南历史远溯守唐胜地呈祥乾坤聚秀炎黄氏系永世传繁芸芸后裔有奇人名刊载册先宗辟道子续佳章娴女忠男勤农信士当少时年华谋酬壮志莫负平生。"既咏史又抒情,表现了白族深厚的文化积淀和人民群众对生活的热爱之情。对联与其他装饰手法共同体现出本主庙装饰艺术造型之美,工艺之精,匠心之巧的艺术特点,使建筑物产生无穷的韵味。

# 第六章 典型案例分析

本主崇拜是以本主为中心的多神崇拜。本主庙建筑文化内涵丰富，集宗教文化、民间建筑、装饰艺术之大成，各种精美的殿堂建筑、壁画、塑像、雕刻、匾额、楹联、碑记等，是白族传统建筑美学、民间信仰和艺术的物质载体，具有深厚的史料价值和艺术价值，构成本主庙的有机组成部分。目前存留的本主庙多为明清建筑形制，土木结构，在原址上翻修，或迁址重建，少数采用水泥砖混结构，保留了大屋顶、彩绘等元素。直到今天，本主庙依然是白族村民举行祭祀、社交、节庆、集会等活动的中心。其建筑比例尺度匀称，外观优美，院落精致，幽雅肃穆。人文景观与自然山水交相辉映，营造出丰富的审美文化内涵，体现出复杂的民间信仰文化和儒、释、道文化。

大理白族本主庙在选址、形制、格局、建筑造型、造像、壁画、雕饰、题刻上都别具一格，另有新裁，自由度高，随意性大，几乎是一庙一格局，在基本形制、规模的基础上随形就势，因地制宜，多有创新。在此选取白王宫苑、沙漠庙、红山景帝祠、白洁圣妃庙等几座最具典型性、代表性的本主庙，详细分析其祀神格局、建筑形式及其装饰特色，充分体现其作为民间宗教建筑的吸引力和艺术魅力。

## 第一节 白王宫苑

白王宫苑坐落于大理市下关镇北市区大关邑村，为三进两院形制，坐西朝东，保留有完整的门楼、过厅、大殿、戏台、南北厢房、南北耳房。据庙内《本主张李二公史考碑》所载，本主庙乃专为张氏兴建之宫殿，张乐进求为奉祀其先祖继而改作宗庙，历久士民缅怀张氏历世之丰功伟绩，故奉为合邑本主，遂称本主庙。清咸丰丙辰（公元1856年），各族惨遭清兵浩劫。庙宇全毁，原碑失传，至清同治十三年（公元1874年）由回桑梓之村民共议筹集资金，继三层两院原基重建就绪，1925乙丑岁春，庙宇受地震摧残，经修复维新，宏伟华丽，为道地人士胜游之所，1984年甲子夏，三辈邀集献资继前刻石以纪，歌颂仁德，表彰忠良，竖品德之正气，除卑恶之邪风，有功于五讲及敬老尊贤。现存本主庙是1998年—1999年完成一期工程，2008—2009年又完成了二期工程的白族传统院落，保留了清同治十三年（公元1874年）重修时格局。占地面积达2448平方米，总建筑面积1100平方米，总投资300万元。

白王宫苑的门楼为三开间歇山顶两层楼阁式建筑，门楼

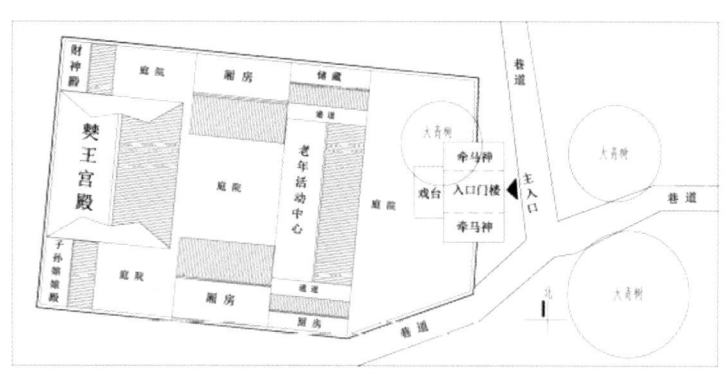

图 6-1 白王宫苑空间布局

图 6-2 白王宫苑门楼正面　图 6-3 白王宫苑门楼背面戏台

与戏台合二为一。灰瓦顶，正脊、垂脊、戗脊上竖瓦拼装成各式几何图样，层次分明，立体感强，正脊两端十二个砖雕鳌鱼，尾巴高翘，造型别致，形态生动。垂脊两端饰砖雕花草图案，高低错落，形状优美，十二个飞檐翘角下皆有木雕彩绘展翅翱翔的凤凰。檐下额枋、花枋、花罩一应俱全，均精雕细刻，门楣上高悬汉白玉横匾，上刻"白王宫苑"四个楷体大字，阴刻绿漆，匾上披红挂彩，庄重大方。门楼通道墙壁上镶嵌有《大关邑白王宫苑二期工程竣工碑》，门洞两旁绘有鹿鹤同春壁画，工笔彩绘，细腻生动。门楼两侧的翼墙上白灰粉底，墨线勾勒画框，装饰四角，给人以清清白白，简洁大方之感。门框上悬挂黑底金字木刻对联："往昔勋名重樊诏；而今俎豆在龙关。"点名本主显赫的身份，歌颂本主张氏精于治国，护佑黎民，嫁女禅位等功绩。

门楼前有一对大理石雕刻的狮子把门，威武雄壮，气势不

图 6-4　楼梯间牵马神像

凡。门楼内左右两侧有牵马神塑像，立于楼梯间，左右相向，体量高大，穿着长相颇具白族特色。从楼梯间便可直上二楼戏台。

戏台为单檐歇山顶建筑，檐下不设斗拱，但有梁枋、雀替。左右两侧设雁翅照壁，平面呈"凸"字形。明间设两木柱，两石柱，石柱下有瓜瓣形柱础。前台梁架结构部分采用了"移柱造"和"减柱造"的构造方式，扩大舞台表演区域。木板屏风作为前后台的隔断，前台为表演区域，屏风上绘有福禄寿三星图案，两旁有人物戏曲绘画，屏风两侧有罩门，为戏曲表演上下场之门。罩门两侧还有镂空雕花木窗，为后台采光、通风之用，亦有装饰效果。前台顶上饰有天花，四边形藻井，内嵌六角形龙凤戏珠藻井图案，正中悬挂宫灯。戏台檐下额枋、檐枋、垂花柱、垂花板、梁头处均有精细的雕刻和彩绘，有木皆雕，遍施彩绘，丰富戏台的色彩，提升热闹的氛围，突出了戏台的表演娱乐功能。戏台正中为木板铺地，两木柱与两石柱之间为增强其稳定性和安全性，用青砖铺地，前台有大理石雕花栏杆。戏台结构完整，外形美观，造工精细，空间布局疏朗、自由和多样化，整体上呈现出繁丽、丰满、严谨的风格，极具韵律感和节奏感，显出雍容华贵的气度和辉煌壮丽的神韵，具有较高的艺术价值。

图 6-5 戏台屏风福禄寿三星图案

图 6-6 戏台四边形藻井图案

与戏台相对的是二层楼过厅，现为当地洞经会表演地点。过厅左右两侧的门柱上悬挂黑底金字木刻对联："辅正摧邪教承大觉；振威显德一副群心。"穿过过厅，来到本主大殿前，随形就势，渐次升高，大殿前左右两侧有金库、银库，正中有硕大的石香炉专供信众焚香祭拜。殿前左右两侧亦有一对石狮，轴线分明，强化对称感。大殿地势本就高于前殿，再建于高台基上，高台基上设计有麒麟状排水孔，构思巧妙，造型别致，将实用功能与艺术装饰融为一体。大殿与院落有御路台阶相连，雄伟的大殿更是高高在上，烘托出殿堂的雄伟、神圣、隐秘感，不由得产生一种威压感，更让人觉得本主神神圣不可侵犯。轴线上的梯阶使院落层层递进升高，使终端院落形成雄浑开阔的视觉效果，处于绝对有力的支配地位。其宏大而壮观的建筑规模，完整而规则的空间组织，严谨而缜密的布局构思，使建筑显得理性、庄严、崇高，让人惊叹民间艺匠的想象力与创造力。

庙内主体建筑为坐西朝东一房两耳式白族民居建筑，中为本主大殿，右为财神殿，左为子孙殿。本主大殿为三开间抬梁式单檐歇山顶黄色琉璃瓦建筑，造型端庄，装饰精美，大殿吊角飞檐，花枋精巧，斗拱重叠，玲珑剔透，特有的回廊和檐部装饰方式花样繁多，引人入胜，显得既雄伟壮丽、肃穆庄严，又美观大方，给人华丽繁缛，宏阔玲珑，气度沉稳之感。大殿自上而下分为屋顶、屋身、台基三大部分。屋顶装饰精巧细腻，如鸟翼般轻盈展开，建筑轮廓优美俊秀，轻巧灵动。砖木结构的屋身空灵剔透，突出体现线性的立面构图，台基庄重沉稳。正殿外廊横枋上高悬汉白玉石牌匾："樊王宫殿"，以标其名，左右两侧悬挂云灰石匾额："丰功亮节禅位让贤；威灵有赫正直无私。"正殿内廊门框上高悬红

图 6-7　白王宫苑本主大殿

底黑字木刻匾额："振爨兴滇"，左右两侧则高悬黑底金字木刻匾额："德贯古今、礼让高风"，正殿内悬挂匾额："灵应不爽、名重爨国、泽被群黎"。正殿外所有柱子上皆悬挂木刻楹联："让客正主位德誉古今张公既能让国何惜让座；流寓关邑居怡情山水李戚已有安城当可安然。""建大碑撰文纪事思本溯源南诏村邑添异彩；修残庙本主存真居今探古边陲文物留古风。""殿宇宏开万代千秋常怀圣德；前程广阔好乘风破浪无愧先贤。""圣泽垂慈霖雨常洒河东岸；神威默相惠风每向洱西朝。"表彰本主神"名垂爨国，德贯古今"的千秋功业。左右偏殿为穿斗式硬山顶琉璃瓦建筑，小巧别致，颇具特色。其与门楼屋顶高低错落，上下平衡，与照壁和墙垣纵横相连，既增强了整院建筑的韵律感和层次性，更加强其牢固性、整体性和联系性，使建筑具有较强的抗震能力。

大殿内奉祀本主神，本主张乐进求居中，其孙居右，"亲家本主"李专珠居左。后人以"德施于民者奉之，以贤安于国者颂之"，奉为神明。神号："本主六堂张李二公合堂文武灵神"，三尊彩塑造像端坐于莲纹须弥座上，背后皆有扇形云龙纹背光。

张乐进求是白子国皇帝，后嫁女并禅位于南诏王。其孙英勇善战，卫戍有功，遂一同尊奉为本主，配享宗庙。李专珠为摆衣傣家人，南诏王蒙氏拜安东将军职，授权边关征戍，曾在今凤仪镇东郊筑有安东城，张李二公共倾肝胆，同事南诏，互作呼援，交往密厚而结为亲家，暮年访亲至此，主人让正座于客，深感此地礼让之风，遂不思返而留居世乡，当地百姓一并将其奉为本主。张乐进求神像体量高大，身躯敦实，正面端坐，显得端庄严肃，与文献记载中的南诏王造像特点基本一致，头戴高冠，身穿明黄色龙袍。观其面相，浓眉大眼，眉弓凸显，天庭饱满，双目平视，神情超然，耳大而厚，胡须浓密，嘴唇厚实，表现出一种宁静、飘逸的风度，显示他英明睿智，能洞察一切，代表了帝皇无上的权威和神秘力量。其侍从武将挺身而坐，眉毛和眼角上挑，双目凝视

图 6-8 本主张乐进求及其孙

前方，双手张开，左手握剑鞘，右手握剑柄，双腿张开，神情紧张，高度警惕，文臣戴高冠，手捧金印，形象端庄清秀，神态淳朴忠厚。他们身材匀称，姿态自然，服饰上的衣纹流畅，富有个性。其孙塑像身着铠甲，年轻英武，杏仁眼，鼻梁高挺，面相端庄俊美，服装配饰精美复杂，色彩鲜艳明亮。李公本为将军身份，可本主庙中的神像身着明黄龙袍，手捧笏板，端坐于莲花座上。左右有南诏文臣武将侍坐，俨然还是封建帝王形象。正殿内还有文臣武将、文武判官以及六畜神王像，造型生动，形态各异，颇具地方特色。

图 6-9　副本主李专珠像　　图 6-10　正殿内盘龙柱及画柱

正殿内有木雕盘龙柱，粗大的红漆木柱上盘着 S 形木雕金龙，昂首翘尾，气势恢宏，墙面上还有一画柱，形式大小与盘龙柱相类似，栩栩如生，几可乱真。

右偏殿为财神殿，三开间穿斗式单檐硬山顶建筑，体量较小，装饰规格低于正殿。檐下额枋上悬挂匾额："思源致富、泽惠诚勤"，对联："手执金鞭保尔脱贫致富；身骑黑虎祝君越险登高。""盛世宏开千金丰盈国课；前程广阔万宝恒足家资。"六扇隔扇门刷黄色清光漆不饰彩，左右槛

图 6-11　白王宫苑财神殿　　图 6-12　财神殿内财神像

墙上有木楞格圆形花窗，增加殿内采光。殿内供奉正财神赵公元帅。财神赵公明为彩塑造像，端坐于黑虎背上，身着战袍，粉面长髯，圆睁双目，显得不怒而威。右手执木制金鞭，高举过头，左手握金元宝置于胸前，身后墙壁上绘有圆形头光，扇形背光，用回纹、串珠纹、卷草莲花纹层层装饰，造型生动，用色明艳。属下四位财神：招宝天尊、纳珍天尊、招财使者和利市仙官立于赵公明左右，合称"五显财神"。身后饰有水天云龙纹背光，笔意流畅，鲜活生动。

左偏殿为子孙殿，建筑形式、装饰手法与财神殿一致，额枋上悬挂匾额："佑我儿孙"，对联："圣母仁慈佑我儿孙成大器；山河秀美名邦世代出英才。"殿内有三尊女神正面端坐造像，皆梳高髻，戴珠翠，衣着华美，色彩艳丽，观

图 6-13　子孙殿内子孙娘娘、痘二哥哥、鼓神

其面相，丰肤莹润，神态安详。居中为保产娘娘，着对襟大红袍，双手捧朝圭，身边有金花太子和银花小娘站立，牵其衣角。身后有硕大的圆形头光和扇形背光，由缠枝莲花纹、串珠纹、回纹层层装饰。左右两位着粉红色长袍，左侧为送子娘娘，怀抱赤童，右侧为母乳娘娘，袒胸露乳，怀抱婴儿，她们身后有双龙戏珠背光图对称分布。左右配祀痘二哥哥、鼓神。亲切和蔼，笑容可掬，世俗氛围浓郁。

颇为奇特的是，白王宫苑内还建有两层楼南北厢房，北厢房为文庙，供奉孔子及其弟子神像。门前高悬红底金字匾额："育才兴国"，殿内对联："千古圣贤千古颂；万代师表万代传。""继往开来创儒学；呕心沥血育英才。"当地百姓遇有儿孙升学、高考、外出读书等事宜都要到本主庙内拜本主，拜孔子。南厢房为休息室、储物间。

图 6-14　白王宫苑内文庙　　图 6-15　文庙内孔子像

庙宇内外墙壁上遍施雕彩，檐下彩绘带文字与绘画交替排列，分格装饰，墙面上空白处除了镶嵌《本主张李二公史考碑》《白子国王张乐进求本主庙重建碑记》《功德碑》等碑刻铭文外，还绘有民间故事《蝴蝶杯》，以及《连年有余》《麒麟吐书》《鹿鹤同春》《喜上眉梢》等吉祥如意的壁画。庙内随处可见的匾联、题刻、文字书法装饰，以其抽象的思

维形式，一语点出意境之所在。它既是一种建筑装饰艺术，又是一种启迪、觉醒人心的手段。如"福禄寿喜、天道酬勤、紫气东来、苍洱毓秀、人杰地灵、天听不远、风调雨顺、国泰民安"等，楷书、行书、隶书皆备，增强了本主庙内的文化气息和历史韵味。

图 6-16 白王宫苑内部分壁画、文字装饰

相传张乐进求寿辰为农历二月初八，李专珠寿辰为农历八月廿三，因此每年这两日本主庙内都要举行隆重的迎神、祀神、酬神、娱神的本主节会，热闹非常。调查时正值道教九皇会期间，因此庙内彩旗翻飞，正殿前高悬"敬天祝国，朝真礼斗，祈年保境，国泰民安"的横幅标语。一众乡亲正在杀牲祭祀。由此可见，白王宫苑其实是一座集祭祖、祭神、祭孔于一体的复合型庙宇，既过本主节，也举行道教法会，还祭祀孔子，它是崭新的集文化、娱乐、游览、休闲于一体的文化活动中心，是当地洞经会表演场所和大关邑村的老年活动中心。

**附1 本主张李二公史考碑**

二公之史，我邑仅有张公为正，信佛戒荤，李公本摆衣傣家人，与张公结亲家，暮年访亲至此，主让正座于客，自座其右侧，日久李公慕苍洱之秀，遂不思返而留居世乡。主侧所站张公之孙青面神，曾于危急中杀退群贼，救出东岸下庄群商之传说。

据南诏野史等综载，古之云南即今大理域，尧舜夏即属梁州，商为伊尹之百濮献，周合梁为雍，春秋归楚，战国楚庄王裔庄蹻治滇因其后尝羌骄凌无度，汉元丰二年废之，武帝嘉仁果为众共戴，以玉印册为滇王，号僰子国建都白崖，即今弥渡之红崖，奄有全滇之地，仁果以慈信治国，怜悯视民，称之最慧而贵，汉帝以王裔授之，传至十五世孙张龙佑那仍以善为政，致力于民，不变其旧。

蜀汉后主建兴三年，渠帅雍闿邦蜀附吴，孟氏僭称王，武侯渡泸南征，诛雍服四郡，选豪纳杰，由此纲纪严明，僰汉相安，倡地各有宜，民各有俗之制，故当时无兵革之兴，战争之患，粟帛之饥。

唐贞观廿二年，太宗晋张氏卅二世孙张乐进求为建宁王，首领大将军厚爵，进求崇伦宏议，计深虑远，秉祖字之海训，守道德之业，重仁义之心，关注国计民生，进贤治滇，遗显名于后世，举唐虞让座拜贤之统，贤尧舜礼士治国之风，慨于高宗永徽四年，举国逊位与蒙氏细奴逻，并以女妻之而深隐，此樊绝蒙舍兴而六诏始也。

蒙舍继樊，合六为一，号称南诏，建都太和，筑龙首龙尾二城关，以盛德酬乎张氏，忆宏恩报之进求，在关邑筑城堡，建宫殿，置官坛，砌花园，迎张氏乐进求及其眷属驾幸安居，授以卫戍大权，燮理国政，威震龙关，据我关邑古名大官邑，宫殿西南有花园沟，西北之官沟，村正中存将军苑址，下有将军沟，南北两栅门及三面古城墙之说，与古址相应证，则前所言之宫殿，即今之本主庙矣。

南诏颂张氏祖孙德高望重，裕后光前，有安边静寇之功，无恣情割剥之意，故委以重任居显要，一振朝纲，二御外侮，三治官民，进求急国家之难，尽君臣之职，行事勤劳忠敬，厚之生民，无所不用其极，仕民爱戴，尊为圣君贤将，故有折桂之舜，皇符之封，尤更尊者，进求先德敦孝崇仁，将宫殿改作宗庙，四时率众戒荤成礼往祭，逢年正八，迎宗位至其辕将军苑，晨昏虔诚奉祀，当月廿三日率众送祖驾返宗庙，年复一年，已不胜计，称之本主巡方，久传为村民节。

李公专珠，蒙氏拜以安东将军职，授权边关征戍，曾在今凤仪东郊筑有安东城，张李二公共倾肝胆，同事南诏，互作呼援，交往密厚而结亲表衷，花甲辞官留之不返梓，考有其因，据当代功业之崇，郡域之广，樊傣共参滇政，同御外侮，奈李公之原籍无史可考。

张氏为君卅二世，创业重统，恩深德厚，居安虑危，能兹于民生切于民瘼，以肝脑涂边陲而不怨，膏液润珍草而不辞，成其业不易其宜，明其教而不易其俗，博恩广施，群生治儒，使万物重然而温，洒然而悦，翕然而同，靡然而顺，故仕官清廉，四海靖泰，八方悉宁，洋溢乎方外，余光所被，山川皆赖，创先业永昭万世也，功业著而不灭，名声施于无穷，后人以德施于民者奉之，以兴安于国者颂之，合邑为此历尊张公乐进求为本主，并祀其祖孙，寿辰为二月初八，奉李公专珠为副本主，华诞乃八月廿三日。万历赵州志载，晋张氏建宁王，赐以张姓，原"赵州"多张姓是也。按此则张公之后遍及今之凤仪无疑矣，特敬撰而纪之。

按考证，本主庙乃南诏专作张氏兴建之宫殿是也，张乐进求为奉祀其先祖计（继）而改作宗庙，历久士民缅怀张氏历世之丰功伟绩，故奉为合邑本主，遂称本主庙。

原庙貌因在1856年咸丰丙辰，各族惨遭清兵浩劫。合邑祖先俱远徙异乡，庙宇全毁，原碑失传，至一八七四同治十三年由回桑梓之村民共议筹集资金，继三层两院原基重建就绪，1925乙丑岁春，庙宇受地震摧残，即经修复维新，宏伟华丽，为道地人士胜游之所，1984年甲子夏，合邑群黎欣逢国正民顺，上良下安之辰，三辈邀集献资继前刻石以纪，歌颂仁德，表彰忠良，竖品德之正气，除卑恶之邪风，有功于五讲及敬老尊贤。亦益于振兴中华，并启之后人，此举堪为钦佩，吾学承命有宿，理当义不容辞，必以余热献余波，惜限于学浅识微，难任兹役，实辜忠良功勋，负老幼重托，遵照诸史所载，光代之传，古址为证，采其故实，征诸人事，综而草撰之，敬希广大人士鉴谅指正。

本史碑承云南省文史研究博物馆、大理州、市文史资料征集部门之热忱支持，特深表致谢！

### 附2 白子国王张乐进求本主庙重建碑记

相传南诏国王细奴逻为答谢僰王卅二代孙张乐进求嫁女禅位盛德，在"大官邑"村西北角建筑三进两院宫殿，作为张乐进求晚年静息之苑，即今，"白王宫苑"为大官邑村本主庙。神庙几经沧桑濒临倒塌，至清同治十三年（1874年）又进行重建，此次重建，在木雕彩画方面都有较高的民间艺术，代表了当代白族文化和经济发展水平。

本主庙是我村群众民族信仰和村社文化活动之地，又是中外来宾常临游览之景点，此次重建古庙，是我村群众的迫切愿望和要求，是保护历史文物古迹之需要。经村委会和老年协会、洞经会、莲池会等各方面父老乡亲共同商定，于一九九八年八月廿五日成立筹建小组，筹集资金和落实工程设计施工等项工作，于同年十月七日开工至一九九九年八月十八日竣工。此项建设投资共捌拾余万元，资金由村、社集体和村民共同筹集。

重建的本主庙三殿作为第一期工程计划实施，全庙范围之修建待本村今后资金能力逐步实施。此次重建三殿面积为二百六十平方米，比原来扩大三十五平方米，后檐墙扩退四米，三进院均有扩大。

现三殿建筑，采用砖墙钢筋混泥土框架结构，屋顶用琉璃瓦等配件，地板铺大理石，门、窗、壁、廊雕塑彩画装设，均采用古建较好的模式和艺术。

同时，三殿内原所有塑像都完全重塑焕然一新，并为合理使用像台面积及塑像安排对称，将张李二本主的座位做了合理对调，张乐进求本主坐于正中，重建之三殿并列雄伟，坚固美观，旧貌变新颜，成为我村的民族文化中心，展现了大关邑村的现代经济文化水平。

在塑本主像中，州文化局领导亲临本主庙视察，并对部分塑像造形（型）根据历史资料提出了改进的宝贵意见，使塑像更符合本主文化的风格。

诗曰：樊子国王乐进求，嫁女禅位名滇中，
　　　白崖隐退洱河畔，崇祀享千秋。
　　　樊国代代出精英，八百年间统滇民，
　　　接转南诏二百载，史籍有传名。
　　　辉煌宫苑承古今，张李二公护民生，
　　　俎豆馨香叶榆水，儒高振名声。
　　　欣逢盛世春光好，合邑乡贤寻祖根，
　　　重修神庙彰灵秀，文武辈出新。

## 第二节　沙漠庙

沙漠庙坐落于大理市挖色镇大成村北，离挖色镇中心约4公里，为洱海东岸的总本主庙，大理市挖色镇大成村、花椒箐村的本主庙。地位类似海西庆洞神都，俗称"洱海东岸神都"。每年农历正月十五、二月初八、八月初二和九月初九，各村百姓都会在本主庙举行盛大的本主节会。同时拜祭山神、水神、龙王、土地神、六畜神王、天、地、人三皇、子孙娘娘等，唯愿十方诸神共同保境安民。

挖色镇古称鲁川，位于洱海东岸。地处大理市中东部，北与双廊镇接壤，南临大理市海东镇，东与宾川县鸡足山镇毗邻，距离鸡足山和下关镇各42公里。境内白族人口占99%，是洱海东岸白族宗教文化的中心，据明代《赵州志》、清代《鸡足山志》记载，公元前11世纪周孝帝期间，挖色境内的先民就以沙漠庙一带为中心建立了鲁白王国，创造了白族早期的鲁白文化，西汉、东汉、魏晋时皆在此设郡。凡名山胜地均建寺庙，大小寺庙亭台楼阁林立，自古称为"多胜迹之邦"，历史文化悠久，文物古迹众多，历史文化一脉相承，源远流长。清康熙时被云南提督编图命名为"大理府第一文明古镇"。

史载，沙漠庙与鲁白国都、郡州治同时产生，是一座历史悠久、影响深远的神庙，明代前尊奉沙漠景帝和十八堂神，故被称为"孟州十八堂神第一庙"。明代后把大成村的本主庙并移其中。明洪武至清同治年间，前后维修九次。本主神先后更迭达十余次。传说沙漠大王本主原在宾川县天子洞，是大清湖、大城曲两村的本主。到了清咸丰、同治年间，其神像才被移入沙漠庙。其祭祀庙会在正月初十至十八。又传，沙漠王是洱海源头的沙滩地部落酋长，后来到洱海东面鲁川（今大理市挖色镇）境内建沙漠国之都城孟州，教会人们种粮食、果木，饲养牲畜，练武艺，生活富足。沙漠国很快强大起来，征服了宾川境内鸡足山一带的部族，扩大其疆域。沙漠王去世后，被鲁川和鸡足山一带的百姓尊奉为本主，神号"灵应三台沙漠景帝"。后又尊托塔李天王、三龙天子、四大天王阿泉皇帝等为本主。据当地民间传说，西天有妖王作乱，托塔李天王李靖前往征讨，但被妖王打败，无法回天公向玉帝交差，就来到挖色坝沙漠庙休整，沙漠王热情欢迎他，留他住下。沙漠王和李天王相谈甚欢，二人常去走村串户，李天王发现挖色坝人畜饮水困难。沙漠王告诉他治下严重缺水，李天王则说此地能够挖出水来。沙漠王与他打赌，说"你如挖出泉水来，我让位于你"。李天王挥剑向山肚刺去，顿时涌出一股清泉，百姓欢腾不已。从此，沙漠王就让位给天王，李天王坐了本主正位，神号："大圣本主九化应国安邦信时景帝"。自从李靖上位为本主后，当地风调雨顺、五谷丰登。沙漠景帝能让贤，也是好本主。于是百姓将沙漠景帝改祀在左次间。清同治后，又把今青龙过江桥南天子庙中的大义宁国肃恭皇帝杨干贞像供其中。据当地民间传说，一年一度的大理白族"三月街"最先起源于沙漠庙。相传杨干贞就出生在本村，幼时曾住在沙漠庙旁的山洞里。后大义宁国国主杨干贞和大长和国国主郑隆亶为争夺孟郡城（今挖色镇大成村沙漠庙），大战三日，争夺羊苴咩城（今大理古城），激战七日，横尸遍野，血流成河。杨干贞建大义宁国后，为纪念胜利并镇住战场上的煞气，把战期定为街期，每年农历三月十二日至十四日在沙漠庙举行庙会，十五日至二十一日转至大理城西。后当地百姓将南诏清平官、大天兴国国主赵善政也请入沙漠庙，木雕造像陪祀于托塔天王身前，共享一方香火，共保一方平安。沙漠庙内供奉格局复杂，换神频繁，正体现了白族本主崇拜的堆垒复合性特点。

现存沙漠庙坐北朝南，面朝水库，背靠大官山，由大门、本主大殿、三皇宝殿、两厢组成。合院布局，中轴对称，灰瓦白墙，九脊顶棱角分明，立体感强，色泽均衡精致，院内古木参天，花木繁盛，清静雅致，院外山峦叠翠，松柏成林，地势开阔，依山傍水，山涧溪流，泠然有声，风景名胜亦多

图 6-17　沙漠庙外景　　图 6-18　白族村民在庙外祭拜山神

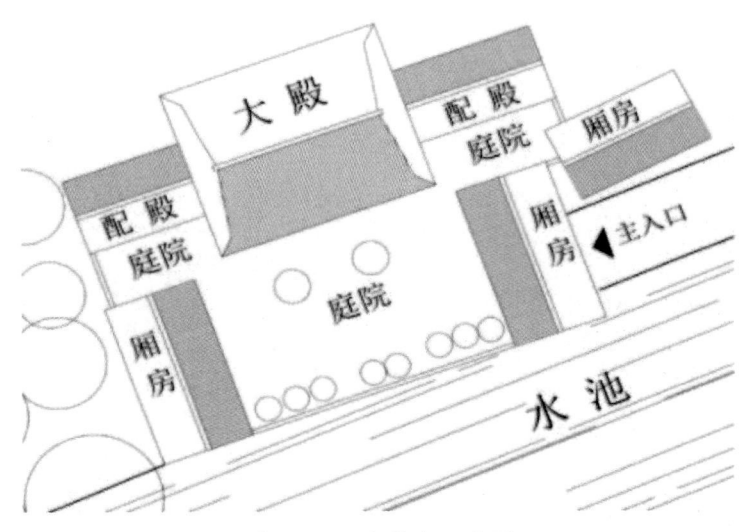

图 6-19　沙漠庙示意图

奇观。整个建筑群掩映在青山碧水之间，风景独秀，清幽绝俗。

大门坐西向东，为单檐民居式门洞，与厢房合一。门内无戏台，无牵马神。大门两旁张贴红纸对联："斯地号鲁川汉唐以前为郡都；此邦称神泽元明以后谓沙漠。""神圣威灵传盛世；保护人民得安康。"大门外另建有平房，为香客用餐、聚会场所。

本主大殿为三开间单檐歇山顶建筑，筒瓦灰脊，殿宇造型古朴，梁架简洁，斗拱出跳，为砌上露明造，檐角飞翘，前檐设廊，进深一间。枋额有匾，柱有楹联，正殿前檐下高悬匾额："保境安宁、神光普照、万代叨庥"；后檐下匾额："黎荫文明、世荷宏恩、祐发昌宁、威震名邦"。正殿外门柱上张贴红纸对联："景美晨良辉一鲁；帝功佛德泽三川。"装饰朴实，典雅大方，殿前有回廊，回廊上立有一对木雕盘龙柱。石柱础极高，覆盆状石柱础上又重叠鼓形红漆雕花石柱础。之上是木刻龙纹饰彩盘龙柱，浮雕与镶嵌相结合，柱头有木雕龙头、龙爪装饰，二龙昂首翘尾，相向而立，活灵

215

图 6-20　沙漠庙正殿

图 6-21　木雕花窗民间故事图

活现，朴拙可爱，造型生动，立体感强。三交六合隔扇门遍体雕花，除此之外，均辟槛墙，上设槛窗，窗上刻人物故事图，用色明艳，造型奇特，充满乡土气息，梁枋、垂花柱上亦遍施雕彩。整座建筑造型飘逸，由廊柱撑托的屋角起翘，有凌空欲飞之势，灵动非凡。

216

大殿内明间大，次间小，无天花藻井，殿内光线幽暗，香火缭绕，更平添几分幽微神秘的气氛。正中供奉托塔李天王，右次间供奉杨干贞，左次间供奉沙漠景帝。大殿正中端坐托塔天王李靖彩塑坐像，浓眉大眼，三绺长髯，身披龙袍，右手执剑，左手托宝塔，体态饱满，神情庄重，端坐于宝座上，身后绘有双龙戏珠、五色祥云彩绘背光图，设色明艳，乡土气息浓郁。李靖身前立有木雕本主出像，身穿黄龙袍，披红挂彩。黄龙王、青龙王、赵善政等木雕神像陪侍左右。神台前左右两侧站立着文臣武将、文武判官，高大威猛，神情各异。杨干贞供奉在右次间神龛之内，神龛两旁有木刻对联："武功维扬不愧渔家赤子；政声显播堪称白族英雄。"神像造型端庄肃穆，面容祥和，双目炯炯，栩然若生。

图 6-22　正殿内杨干贞像、托塔天王像和沙漠景帝像

沙漠景帝彩塑造像供奉于左次间，头戴僧帽，身穿海水云崖纹黄龙袍，端坐于神台之上。浓眉大眼，鼻正口方，腰悬玉带，右手执剑，左手握青苗，寓示能保佑百姓风调雨顺、五谷丰登，镇煞气，除妖邪，保境安民。无背光图案装饰，塑像旁的墙上贴着红纸金字对联："沙漠景帝传万古；金福罗将著千秋。"

大殿右侧为三开间单檐硬山顶建筑。殿前匾额高悬："三皇宝殿、圣德汪洋、护法妙典。"宝殿内供奉天皇、地皇、

图 6-23　右偏殿内天、地、人三皇像和子孙娘娘像

人皇三皇圣像，以及龙王、老太和子孙娘娘等，共保一方平安顺遂。面相清俊秀丽，色彩纯朴浑厚，人物表情各异，仪态安详，面相、服饰上亦有本土特色，内容生动细腻，充满生活气息，充分反映出白族民间社会的生活情趣。院中建有东西厢房，为厨房、香客休息室。

本主庙内自然少不了六畜神王像，沙漠庙内因供奉神灵很多，且频繁换神、加神，因此因地制宜、因陋就简，将六畜神王像两尊供奉于正殿内梁柱上，另外四尊分塑大殿外回廊左右两侧的神龛内。六畜神王像体量较小，造型简单，表情生动，局部夸张，类似于民间泥人玩偶像。神龛两旁张贴纸对联："保士庶六畜兴旺；佑百姓五谷丰登。"

图 6-24　六畜神王像

总之，沙漠庙历史悠久，影响深远，神系复杂，是一座集

宗教文化、民俗文化、水利文化、建筑文化于一体的特色庙宇。背山面水，环境清幽，整体布局错落有致，建筑装饰和庭院布置充满乡土气息，民族特色浓郁。祀神格局自由、随意，换神、加神频繁，本主祭祀庙会很多，且各村祭祀日期不一，因此一年四季香客盈门，香火旺盛，被誉为"洱海东岸神都"。

## 第三节 红山景帝祠

红山景帝祠，即红山本主庙，是洱海边最具人文特色的本主庙，庙中所供奉的本主为唐天宝年间曾经大败唐将鲜于仲通和李宓的南诏军事将领王盛、王乐和王乐宽祖孙三代。唐天宝年间，唐剑南节度使鲜于仲通领八万大军至西洱河讨南诏，被南诏征南大军将王盛领兵击败。天宝十三年，唐将李宓率兵二十万，再次向南诏大举进犯，在洱海砂牛半岛和江尾半岛上，被王乐宽带兵全歼，李宓则落水而亡。王盛、王乐、王乐宽祖孙三代是六诏时东洱河蛮豪酋，联合镇守外南关，全力支持阁罗凤父子统一六诏，为南诏的霸业立下大功。大本主王盛、小本主王乐宽因英勇善战，被南诏王封为大军将，王盛之子、王乐宽之父王乐亦官至清平官。三代镇守外南关，为南诏立下赫赫战功。他们死后，敕封为"赤男灵昭威光景帝"。据白族民间传说，红山本主为保疆为民，维护民族团结而殉难，死后其身化为一条绿蛇，蛇头上有一"王"字，经常显灵保护群众，消灾免难，尤保船只行驶安全，故得沿湖一带群众笃信奉祭。因大本主王盛为抵御外敌而殉难于天宝十年（公元751年）农历四月，当地百姓就将每年农历四月十四日至十六日定为本主节。来自大理、喜洲、周城、挖色、江尾、邓川等地的白族群众，都要到红山本主庙悼念祭祀。三天的红山庙会，四乡云集，车水马龙，人流如潮。

来赶庙会的群众都穿上了节日盛装，白天虔诚朝拜，晚上通宵达旦唱调对歌，人声鼎沸，热闹非凡。

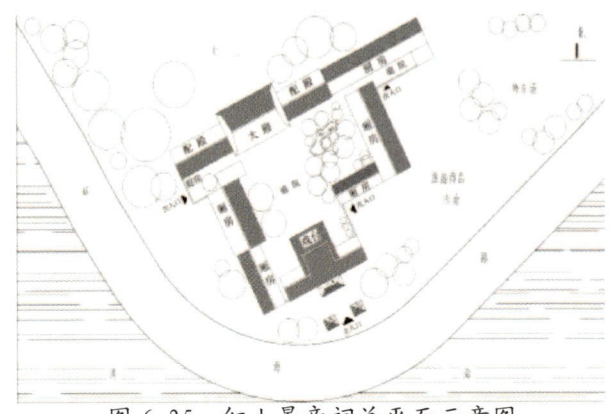

图 6-25　红山景帝祠总平面示意图

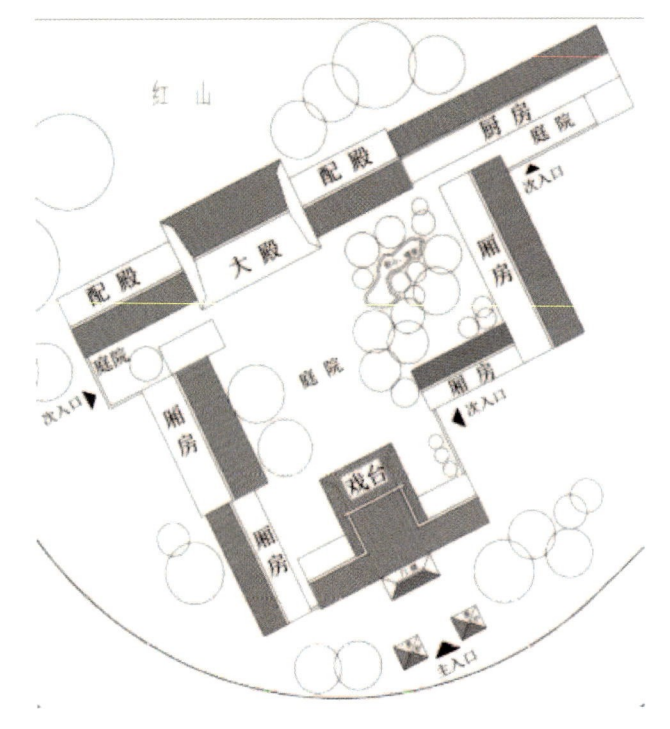

图 6-26　红山景帝祠平面布局示意图

红山景帝祠坐落于洱海北岸大理市双廊镇红山丫口，坐东朝西，背靠红山，面临洱海，由门楼戏台、大殿、南北配殿、南北厢房组成。为一房两耳、三坊两照壁的园林式复合型本主庙。庙中殿宇巍峨，布局舒朗，主从分明殿堂之间，大小相当，错落有致，疏密得体，院中有园，园中有景，环境极是清静幽雅。据庙内《景帝宝殿重建碑记》所记载："景帝祠宝殿始建于大理国初期，毁于兵乱，1916年重建，再毁于'十年浩劫'期间。1979至1988年经九年时间，由双廊大建旁、伙山等行政村的部分庶民自发地筹措建筑而成土木结构。因低矮、光暗、渗漏、陈旧，与秀美的红山自然风光，群众顶礼朝拜的名胜寺院不相衬，需重建改观……终于在2006年夏历六月初二拆旧重建……于十月廿四日辉煌壮观的景帝宝殿竣工落成……各族父老乡亲老协莲池佛家姊妹善男信女捐资功德壹拾叁万伍仟元。"如今是双廊村、天生营、康海村、大建旁村、岛依旁村这五村的本主庙。

相传大本主王盛诞生于农历正月初四，每年红山景帝祠内都要举行隆重的本主圣诞节祭祀活动，又恰在春节期间，因此又称为"春节迎神赛会"，人神欢聚一堂，共庆佳节，分外热闹。双廊镇大建旁村亦尊奉王氏祖孙三代为本主，于是正月初四拂晓，大建旁村本主庙里先发出三声号炮声，然后由事先选定的两张大船从水路驶向红山景帝祠接本主。将本主神出像请到船上，船载本主到萝时曲的秋曲甸"游神"，让本主"赏花""阅兵"后，徐徐驶向双廊村北海滨。到双廊码头后改用木轮车把本主接回本主庙。早上吃过素食的白族村民，穿上新衣，奔向街头，用千百年来不变的方式接本主。在龙灯、狮灯、霸王鞭队和锣鼓唢呐声中浩浩荡荡赶到双廊码头接本主上岸，坐上两部木轮拖车，前面的人举着"回避""肃静"牌,在黄罗大伞、古代金瓜刀矛兵器及五色旌旗簇拥下,在礼炮和地雷声中,按照祖后孙前规矩,大建旁村、岛依旁村拉接的小本主在前开路,康海天生营拉接的大本主在后,徐徐进入双廊村。本主所到之处,香案供桌琳琅满目,鼓乐、炮声喧天动地。将本主神出像由红山景帝祠迎到大建旁村本主庙,沿途唱《红山本主经》:"千龙万虎白色变,朝礼大红山;保佑合村万万岁,禄罗本主会。合会弟子来迎接,万岁主万万岁。赤男灵昭威光景帝,太公太婆太子太孙。赤男灵昭本姓王,六诏之时一将官,后来成神归天位,敕封景帝镇红山。朝礼大红山,威光景帝万岁万万岁。帝像生来胆气好,功成正果归阴阳。禄罗山下金身塑,手执宝剑斩妖魔。一堂三代父子孙,圣诞月来正月间。"歌颂圣德,祈福消灾,娱人酬神,也唱大本曲,对白族调,唱对新生活的追求,唱对美好爱情的向往。到把本主迎接到大建旁村本主正殿中安置好,其后裔祭祀后,年戏方开始演出。初六早餐后,把本主接往康海天生营,更加热闹,晚上的白族调在唱本主历史的同时,也唱今日生活的幸福。初七早餐后,又把本主送到双廊村南黄土坡,转乘原船送回红山景帝祠。年年如此,热闹非常。

红山景帝祠西面、南面、北面三面皆有门。西门正对洱海,为三滴水重檐门楼,门楼与戏台二合一,朝西为门楼,朝东二层为戏台,左右两侧建有二层厢房,与戏台联为一体。门楼前金库银库左右对称布局,门框上悬挂红底金字木刻对联一副:"天宝风云功贯古今人第一;南国将相才兼文武世无双。"黑底金字木刻对联一副:"风月无边遥望苍洱河山百二里;洲岛如画堪称大理风光第一乡。"歌颂本主功绩,盛赞苍洱风光。

图 6-27　红山景帝祠西门　　图 6-28　红山景帝祠南门

图 6-29　红山景帝祠双照壁围墙

　　南门为白族民居三滴水大门，重檐飞宇，装饰精美，拱形门洞上方高悬匾额："景帝祠"，左右门框上贴红纸对联："功载德辉红山香火盛；雪融雨沐洱海水流长。"门前石狮挺颈昂首，古朴生动，蹲坐于高台基之上，四肢粗壮前驱，显得雄健有力。大门与两面三滴水照壁、墙垣围合院落。一面照壁白底黑字，上书"仪妆苍洱"，用色素净，显得清清白白，典雅肃穆。另一面照壁白底蓝字，上书"红山映月"，檐部彩绘带雕花饰彩，用色明艳，显得热闹繁复，瑰丽无比。北面还开一方便小门。

223

门楼内楼梯间塑有牵马神，二楼便是戏台，正对本主大殿。戏台分前台和后台，前后台有罩门相通，后台与左右厢房联通，可供伴奏、演员化妆、休息、储物之用。戏台上有大理石围栏，立柱上刻有对联："纵观今古英豪风流今昔几多慷慨；放眼红山胜景翠裹红装分外妖娆。"戏台板壁上彩绘《本主观戏图》，其上悬挂大理石牌匾"南诏名将"，标明本主身份，左右两侧书有对联"两三步走遍天下；四五人百万雄兵。"顶上有天花、八卦藻井装饰，分格彩绘八仙过海、天女散花、天使等图案。通常本主庙戏台左右为八字影壁雁翅排开，而红山景帝祠内无

图 6-30 西门楼梯间内牵马神像

图 6-31 红山景帝祠西门背面戏台 　图 6-32 戏台板壁彩绘：本主观戏图

影壁而改建厢房，增强其实用功能，布局紧凑，设计合理，戏台精巧复杂又宏伟壮观，整体感强，既秉承了传统白族古戏台的结构形制又因地制宜，有所创新。

本主大殿为三开间单檐歇山顶式建筑，进深两间，黄色琉璃瓦顶，正脊处有琉璃瓦雕花拼装图案，宝瓶、鳌鱼、吞脊兽、卧脊兽、风铃一应俱全，装饰精美，立于蓝天白云之

图 6-33　红山景帝祠正殿

图 6-34　正殿内虎啸龙吟壁画

图 6-35　正殿内三国故事壁画

下格外醒目。无门无窗无回廊，开阔敞亮，不同于其他本主庙殿内幽暗局促的空间氛围。梁枋正中悬挂黑底金字木质匾额"景帝宝殿"，横梁上悬挂多块匾额"于时保之、福国佑民、神威东海、道德至善"，皆为当地百姓敬献。殿内有天花、彩绘、壁画装饰，有团龙、团凤、虎啸龙吟、麒麟吐书、凤穿牡丹等吉祥图案，以及《翼德板桥吓三军》《云长千里走单骑》等三国人物故事图。殿内六根粗大立柱立于大理石鼓形柱础之上，上悬挂抱柱联："临胜地红山赞人和政畅锦程似洱海波涛滚滚向前；祭诏王名将叹鼎盛衰亡往事如苍峰烟霭悠悠飘逝。""殿宇煌煌展现红山新景象；庄严神像仰瞻本主圣威容。"歌颂本主神的功绩和庙貌巍峨，展示神权的凛然不可侵犯以及皇权的至高无上。对本主神的仰慕与崇敬之情溢于言表。

　　本主的人际关系是高度生活化的，模仿封建社会家庭结构，具有强烈的生活气息。所以本主夫人及其子女形象成为家庭和睦、生活美满的艺术符号，象征平安如意、幸福吉祥。红山景帝祠内采用"全家福"供奉格局。正殿明间供奉大本主王盛及其二夫人、子女彩塑造像，右次间供奉小本主王乐宽及其

图 6-36　王盛本主及其二夫人像　　图 6-37　王乐宽本主及其夫人像

夫人。大本主王盛金粉饰面，横眉立目，表情夸张，两道眉毛高高扬起，长耳，八字胡须，神气活现，头戴金盔，身穿铠甲，衣袍铠甲使用浮雕阴刻体现出质感，衣服的褶皱使用阳刻强化立体感。胸前饰浅浮雕护心镜和饕餮纹图案。头上有三个龙头，双目圆睁，张口吐舌，显得神秘诡异。象征本主神亦为龙神，能保过往船只一帆风顺。右手握长剑，左手握青蛇，象征权柄与神秘力量。正襟端坐于神台中央，稳如磐石，霸气十足。简洁明了的外轮廓线和动静结合的造型特征表现出内在的张力。左右有二夫人侍坐，王妃打扮，头梳高髻，斜插凤钗，弯眉长目，长耳戴耳环。大夫人着红襦绿裙，双手平放于膝上，身前站立其子。二夫人着红肚兜，紫襦蓝裙，腰间系绿色缨络，双手交叠于胸前。二人皆圆脸丰润，衣饰华丽，体态婀娜，雍容华贵。在本主泥塑前供奉有本主木雕出像，本主在左，右边站立二夫人，均身披披风，头戴花帽，一副出门远行的模样。本主圣诞节迎神赛会时便是请出木雕出像巡游四境。神台上放置花瓶、烛台、香炉、令旗等物。身后绘有双龙戏珠图案，刚柔曲直、粗细疏密、深浅疾徐的线条丰富了画面的表现力。顶上悬挂黑底金字木质匾额"鲁蹟优者"，匾上也有双龙戏珠浮雕装饰。小本主王乐

227

宽形体魁梧健硕，刚劲有力，其夫人发髻高梳，绣袍合体裹身，长眉细目，面带笑容，形象端丽，温柔可亲。身后绘有龙凤呈祥背光图案，苍莽巨龙腾云驾雾，体态蜿蜒，张牙舞爪，翻搅四海云水，威力无边。凤凰色彩艳丽，身姿婀娜，极富动感。身前亦供奉木雕本主出像，供本主节时当地百姓迎送本主之用。

左次间供奉白须白发一老者塑像，面色红润，慈眉善目，身着黑色袈裟，右手拄龙头拐杖，左手托金丹，身后绘有仙山、楼阁、松鹤、火焰纹背光图案，上方梁枋上悬挂匾额"慈云普护"。据《双廊镇红山本主庙碑记》所载，此为观音老爹塑像。据当地民间传说，观音大士善于幻化，又善治水，化为老者模样护佑一方百姓，故而将其供奉于本主庙中享受香火。正殿南北两侧亦有文武判官侍立两旁。

图 6-38 观音老爹像

本主大殿北侧建有龙王殿，南侧为太姑殿。灰瓦顶，体量较小，房高低于正殿，无天花藻井。色彩清淡，装饰朴素。龙王殿内供奉龙王、龙母及虾兵蟹将；太姑殿内太姑居中，地母居左，财神居右。墙壁上镶刻有《重建太姑殿龙王殿碑记》，表明此为2009年至2011年捐资重建的二期工程建筑。

图6-39　龙王、龙母像

图6-40　太姑殿

图6-41　太姑殿内财神像

图6-42　太姑殿内太姑、地母像

因是建于洱海边的本主庙，当地村民以打渔为生，重龙王、水神崇拜，未供奉六畜神王像。

殿前南北两侧建有面阔三间的双层重檐厢房，现做红山本主庙管理委员会服务部、村民活动中心之用。廊柱、门柱上亦有对联："胜地红山纪佛业；扬波洱海慰忠魂。""保卫家国将军剑指关河战船飞渡；猛攻敌寇阵列雄峙苍洱铁骑飞驰。""红山胜地博览银苍碧海；绿水歌台共赏玉几金梭。""考文献名邦胜地升庵赋诗玉洱；乐古国风土人情成之展艺红山。"院内绿树成荫，古木苍天，并建有亭台假山，喷泉水池，如同江南私家园林，让崇信者祭拜之余，亦可小憩，更增添无尽的俗世情趣。

图 6-43　景帝祠内喷泉假山

总之，红山景帝祠是集古建园林、自然山水、雕塑碑刻和古树名木为一体的著名旅游胜地。建筑群前后左右纵横交错,地形起伏错落,使建筑空间大小明暗多变,又有重楼围廊回环,本主庙内精美的彩绘、雕刻、匾额、楹联,将宗教教义活化于信仰空间和自然景观之中,表现了乐天安命情怀,呈现出人与自然和谐统一的最高境界,使人仿佛置身于白族历史文化博物馆中。庙内供奉大小本主及其夫人、观音、龙王、龙母、太姑、地母、财神等等,八方诸神供于一堂,颇具地方特色与民族风格。表达了白族乡民祈丰收、求吉祥、盼富贵、求子嗣的美好愿望,表现了人们对"和睦、和谐、和顺、和美"生活的企盼。

## 第四节 白洁圣妃庙

白洁圣妃庙位于大理白族自治州洱源县邓川镇新州东北方向1公里,省级重点文物保护单位"德源城遗址"所在地,古为邓赕诏所在地。白洁圣妃庙的由来与大理地区民间广泛流传着的"火烧松明楼"的传奇故事紧密相连。据《南诏野史》记载:"(南诏皮罗阁)赂剑南节度王昱,求合六诏为一。朝命许之,使人谕五诏:'六月二十四日,祭祖不到者罪。'建松明大楼,敬祖于上。至期五诏至,惟宁北妃止夫行,夫不听。妃以铁镯穿夫手而别。二十五日,五诏登楼祭祖,享胙食生。至晚醉,阁独下楼,焚钱发火,兵围。火起,五诏死。报焚钱失火烧死,请各妃收骨。各妃至,难辨,惟宁北妃因铁镯得夫骨。至今,滇人以为火节。王灭五诏,取各诏宫人。妃美,遣兵取之。妃曰:'誓不二夫'即自死。"千百年来,白族人民为了纪念机智美貌、坚贞不屈的白洁夫人,将其奉为本主,神号:"邓赕国王暨名妃粤慈国母",又称"敕封本主白洁圣妃""阿梨帝母"。

图 6-44　白洁圣妃庙空间布局示意图

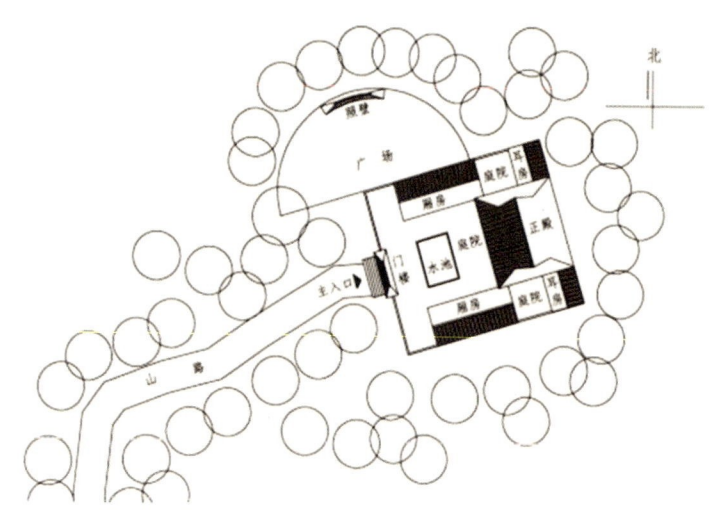

图 6-45　白洁圣妃庙平面布局示意图

重修的白洁圣妃庙坐南朝北，背靠德源山，北眺邓川坝子。于 2008 年 4 月 2 日开工，2009 年 8 月 12 日竣工。占地面积 1452 平方米，建筑面积 843 平方米，总投资 400 万元。由牌坊、山道石阶、广场、庙宇院落组成。整座建筑群青瓦白墙，红柱朱门，依山而建，因地制宜，庙貌巍峨，金碧一新。饰以白族雕刻、彩绘，气势恢宏，耸立于森森香柏和古老榕树之中，庙宇采用一房两耳两厢合院式白族民居建筑格局，其布局方正有序，轴线分明。庭中绿树成荫，冬青成列，婆娑作态，增添院落内的对称感、空间层次和文化内涵。为德源城遗址新添一景，已成为重要的历史文化遗址和旅游景观。洱源县邓川镇新州村、小江村、三道桥村、三北村、三西村、三南村、古诏村、右所镇银后村、李家营、高家营、汪家营等村落都以白洁圣妃庙为本主庙，每年农历六月二十四、二十五为本主会期，亦为火把节，必举行盛大的祭祀仪式。妇女们用凤仙花根捣烂包手染红指甲，即是对宁北妃，即白洁夫人，以手拨土寻夫时血染指甲的怀念。目前，白洁圣妃庙归洱源县邓川镇新州社区古诏村管理，也是该村的本主庙。

如今省级文物保护单位德源城遗址旁立有一巨石，上刻"德源城遗址"五个大字，笔力遒劲。沿山道蜿蜒向前，立有一座四柱三楼式牌坊，坊起三架，重梁四柱，高大雄伟，巍峨壮观，九脊顶灰瓦覆盖，斗拱重叠，翼角飞翘。造型优美，彩绘、雕刻细腻。正间梁枋正中镶嵌一石匾，黑底金字，正面书"忠义"，背面刻"圣节"，字体苍劲古朴，应景融情，词意明畅，表彰白洁圣妃的德行，并教化世人，化导民

图 6-46 白洁圣妃庙牌坊正面、背面

风。牌坊两侧刻有一长联："慈善展峨眉，当大厘鼎盛，宁北相夫，恨星回祭祖，阴谋悲铁钏，棚楼烈焰，誓严城御暴，赋柏洁忠诚，德源形象昭昭女；邓川今画野，趁东赕荷花，西湖渔浦，凭绿岸长堤，水阁荡轻舟，碧洱蓬瀛，好修碑温泉，读鸡鸣书馆，传览园林蔼蔼天。"一短联："城号德源怀古诏；文称慈善吊奇贞。" 赞美山光水色，歌咏本主圣德，字体清秀俊雅。

穿过牌坊，自山下拾级而上，至大门前，可见绿树婆娑之中，三开间重檐歇山顶门楼突出其间，飞檐翘角层层叠升，凌空欲飞，起伏曲折，富于变化，显得格外轻盈活泼。楼身立面大尺度的变化和丰富的节奏感，将建筑形体勾勒出鲜明有力又亲切自然的韵律，显得清雅别致。大门外立有《重修白洁圣妃庙碑记》《慈善妃庙记》两块碑，碑文书法流畅不拘，刚中带柔，因时代久远，部分字迹模糊不清，更显出历史的沧桑与厚重。门楼右侧镶有《竣工碑》，门楼额枋上悬挂黑底金字横匾，上刻"白洁圣妃庙"，立柱上悬挂黑底金字木刻抱柱联："春柏森森仰夫人刚烈雄奇千年风范；古榕翳翳怀邓赕慈善贞洁一代圣妃。"背面亦有匾"铁钏千秋"。院中水池、香炉、御路台阶、正殿、供案形成中轴一线，布局整齐，规制宏丽。正殿、两耳、两厢体量、形制各不相同，

图 6-47 门楼正面、背面

高低错落、节奏分明、布局紧凑、尺度适宜。正殿、两厢所有梁柱上皆悬挂对联:"斯人已去旧城远在;懿德犹存江水长流。""神恩浩荡全境安乐;灵威感德五谷丰登。""举火寻夫铁钏认尸,追祭成节;统民善慈守城坚贞,思源为名。""一人举身殉难,而一个民族节日生焉,古今能几人;十指沥血寻夫,教万千女孩指甲红了,天下有谁人?""义范凛流霜千秋共仰;忠贞贯日月万代威钦。"这些楹联或追祖溯源,崇仰故土祖根;或表彰先贤,表达对先人的顶礼膜拜;或训勉后人,激励人们不断进取,引人入胜,发人深省,耐人寻味,催人奋进,体现了源远流长的贤哲崇拜,敦厚质朴的耕读文化,薪火相传的宗亲意识和勤俭善良的传世美德。多侧面多角度彰显了白族的文化精神,具有丰富的文化内涵和鲜明的艺术特色。

门楼侧面立有一块院外大照壁,为"一字平"式独立照壁,其目的是划出门前广场范围,火把节时供当地百姓竖大火把,举行集会、庆典活动,也是为了营造庄严肃穆的气氛,起到

图 6-48　白洁圣妃庙照壁

标志、装饰作用，在风水学上有"趋吉避凶挡煞气"的作用。照壁砖石砌筑，壁顶灰色筒瓦覆盖，中间微凹，四角飞檐，造型精美，无梁枋、斗拱装饰，檐下分格彩绘山水、花鸟图案。壁心用软心装饰，白灰粉面，墨字书写"源远流长"，墨线打框，四个岔角上彩绘如意岔角花。四边饰卷草莲纹，构图布局疏密有序，造型生动，色彩淡雅，简洁大方。壁座厚实稳固，坚硬粗犷，与广场看台连成一体，并加高照壁高度，更觉显眼，成为大门外的一道重要景观。

正殿台基上有凤穿牡丹图案的路斜，无栏杆。正殿为五开间重檐歇山顶建筑，体量巨大，气势恢宏，一层悬挂横匾"圣妃宝殿""母仪苍洱"，二层悬挂竖匾"阿梨帝母"。翼角起翘高远，优雅轻盈。清风徐来，风铃作响，清脆悦耳。梁架繁密，斗拱重叠，彩绘色彩丰富，大屋顶下转角铺作精巧繁复，层次鲜明，庄严静穆，极富美感，再加上灰瓦屋顶上栩栩如生的各色装饰，更显活泼生动。虽不算金碧辉煌，却也是风情万种。正殿有隔扇门，有木雕花窗，还有玻璃天窗，无天花藻井，形成两层一体结构，殿内开阔敞亮，立柱上悬挂木刻对联："任南诏雄心临火节而不可夺；为西方巡狩唯斯人其谁与归？"两耳、两厢对称排列，体量较小，现为陈列室和管理部门办公之用。

正殿内供奉本主立像、侍女及其文臣武将。1米高的神台上有白洁圣妃正面立像，为头戴凤冠，身穿霞帔的土妃、诰命夫人形象。雕塑细腻，一丝不苟，身材比例适度，五官刻画细致入微，造型生动。面相丰腴，肌肤细腻，眉清目秀，口似樱桃。头戴金色仰莲瓣花冠，身穿红色锦袍，黄色披风，上饰沥粉贴金的卷草花纹，衣着华美，色泽靓丽，衣纹疏密有致，自然流畅，衣带飘拂若行云流水，曲尽形态。右手托铁钏，手掌莹润丰满，手指修长灵巧，姿态优美自然。戴手镯，饰璎珞，珠光宝气，雍容华贵，落落大方，衣纹自然流畅，脚穿凤头鞋，神韵超俗，风采动人。侍女随侍左右，手捧如意、金印等物。侍女为少女形象，面形端庄，眉清目秀，俊美俏丽，表情顺从恭谨，身段婀娜多姿，衣裙修长贴体，显得端庄大方，安详典雅，举手投足，顾盼生姿，充分表现出少女的身姿与神情。文臣武将立于白洁夫人左右两侧，文臣有儒者风范，武将则威武刚健。文臣双手捧笏，头戴长翅帽，神情安静文雅，观之可亲。武将头戴金盔，身披金甲，身背弓箭，头部造型结实有力，浓眉大眼，眼神坚定，方正的脸庞英武挺拔，观之可敬。

　　神台并非靠墙而砌，而是在神台与后墙之间留有约 1 米宽的通道，可供信众走到神台之后观赏神像背面及后墙上的《火烧松明楼》连环画故事。每幅图都有题榜，作为画传的文字说明，构图完整，段落分明，连贯有序。故事情节生动完整，人物形象鲜活丰满，仪态万千，笔法流畅，繁而不乱，绘画技法多样，富有浓郁的生活气息，充满地域性、民族性和世俗性，是白族绘画艺术的瑰宝。

　　总之，白洁圣妃庙依山而建，高低错落，布局合理，轴线分明，结构严整。牌坊以它玲珑俊秀的造型，丰富了建筑群体。院外独立照壁端庄大方，引人注目。五开间重檐歇山顶大殿体量巨大，气势恢宏，装饰精美，技法高超。碑刻、匾额、楹联众多，具有极高的史料价值和审美价值，它规模宏大，但祀神格局简单，仅供奉本主神白洁圣妃一人，并未供奉财神、子孙娘娘、大黑天神、六畜神王等本主庙内常见的配神，是大理白族地区一座颇具代表性的单一型本主庙，也是一座文化内涵深厚的艺术宝库。

图 6-49　白洁圣妃庙正殿

图 6-50　白洁圣妃像　　图 6-51　文臣、武将像

图 6-52　《火烧松明楼》连环画

# 附录

## 表1 大理白族自治州白族村落本主庙概览

| 序号 | 本主庙名称 | 本主姓名 | 本主神号 | 祀奉村落 | 农历会期 |
|---|---|---|---|---|---|
| 1 | 苍山神祠 | 杜光庭 | 点苍昭民镇国灵帝，也尊称"玉局持邦灵照文帝" | 大理市大理镇大纸房村、石门村、中和村、水碓村等 | 正月十五、二月初一、六月初一、十月十八，各村不一 |
| 2 | 吉祥村本主庙 | 白龙王 | 至道护锡民白龙本主彻南景帝 | 大理市大理镇吉祥村 | 六月十九 |
| 3 | 南门村本主庙 | 段沛恩 | 玉局持封沛恩景帝 | 大理市大理镇南门村 | |
| 4 | 北门本主庙 | | 敕封本主白洁圣妃，阿利帝母 | 大理市大理镇北门各村 | |
| 5 | 西门本主庙 | 清官大爷郑回 | | 大理市大理镇西门各村 | |
| 6 | 丰呈庄本主庙 | 阿兰 | 懿慈圣妃阿梨帝母 | 大理市大理镇丰呈庄 | |
| 7 | 三文笔村本主庙 | | 道护天家锡命灵帝 | 大理市大理镇三文笔村 | 正月初五 |
| 8 | 龙龛村本主庙 | 蒙世隆 | 迎风勒马景庄皇帝 | 大理市大理镇龙龛村 | |
| 9 | 星庄本主庙 | | 保光国英明景帝 | 大理市大理镇大庄村委会星庄自然村 | 二月初五 |
| 10 | 绿桃、德和村本主庙 | 段赤诚 | 敕封合辟乾坤裔慈圣帝 | 大理市大理镇绿桃、德和村 | 七月二十三 |
| 11 | 北才村本主庙 | 财神本主 | | 大理市大理镇北才村 | 三月十五、八月初八 |

239

续 表

| | | | | | |
|---|---|---|---|---|---|
| 12 | 上末村本主庙 | | 救生景帝 | 大理市大理镇上末村 | 正月十五 |
| 13 | 车邑村本主庙 | 李定国 | 通天护法如意宝珠赤子三爷 | 大理市大理镇上鸡邑村委会车邑村 | |
| 14 | 仙都龙庆寺又名"洱河祠" | 段赤诚 | 洱河灵帝 | 大理市喜洲镇金河村委会河矣城自然村 | 正月初三 |
| 15 | 洱水神祠，又名龙王庙、洱水祠 | 段赤诚 | 翊运阁辟乾坤裔慈圣帝洱海龙王大圣，也尊称"洱水龙王" | 大理市喜洲大理市大理镇龙凤村 | 五月初五、七月二十三、八月初八 |
| 16 | 阳和村本主庙 | | 英灵景帝三太子 | 大理市大理镇七里桥上阳和村、中阳和村、官庄村 | 正月十六 |
| 17 | 将军庙 | 李宓 | 龙尾山泉利济将军 | 大理市下关镇上村 | 八月十五 |
| 18 | 宝林寺 | 白那陀龙王，段赤诚 | 砌墙萨芬的萨芬的 | 大理市下关镇屯南、屯中、屯北、清平、阳平、寺脚、荷花、宝林村 | 八月十六日 |
| 19 | 白王宫苑 | 张乐进求、李专珠 | 本主六堂张李二公合堂文武灵神 | 大理市下关镇大关邑村 | 二月初八、八月二十三 |
| 20 | 刘家营本主庙 | 唐李三将军 | | 大理市下关镇刘家营村 | |
| 21 | 洱滨村本主庙 | 龙王、河南太子 | | 大理市下关镇洱滨村 | |
| 22 | 阳南南村本主庙 | 大黑天神 | | 大理市下关镇洱滨村委会阳南南村 | 止月十三、十四 |

续 表

| | | | | | |
|---|---|---|---|---|---|
| 23 | 官圆堂 | | 六堂大圣掌兵太子 | 大理市下关镇洱滨村委会阳南北村 | |
| 24 | 寺脚村土主庙 | 伽蓝土主 | | 大理市下关镇寺脚村 | 二月初一、七月初一 |
| 25 | 福星村本主庙 | 金宵 | 九天卫房圣母 | 大理市下关镇福星村 | |
| 26 | 深长村本主庙 | 高大将军 | 敕封显灵侯城隍 | 大理市下关镇福星村委会深长自然村 | 五月初八 |
| 27 | 福圣庙 | | 玉碧尊圣大王 | 大理市下关镇龙泉村委会打鱼村 | |
| 28 | 诸葛庙宇 | 诸葛亮 | 五姓名首来安景帝 | 大理市下关镇温泉村 | 二月初八 |
| 29 | 莨蓬村本主庙 | 黄牛本主 | 护国安邦信神景帝 | 大理市下关镇莨蓬村 | 二月二十三 |
| 30 | 莘圣母庙 | 凤凰白神 | 慈爱圣母 | 大理市下关镇大锦盘村 | 三月十八 |
| 31 | 凤阳邑本主庙 | | 慈爱圣母 | 大理市下关镇凤阳邑村 | 三月初一 |
| 32 | 大庄村本主庙 | 李宓的弟弟，为阵亡七将士之一 | | 大理市下关镇大庄村 | 八月十五 |
| 33 | 唐林公祠 | 唐林公 | 忠义持邦护国景帝 | 大理市下关镇崇邑村 | 二月初十 |
| 34 | 登龙村本主庙 | | 东海龙王阖辟乾坤裔慈圣帝 | 大理市下关镇登龙村 | 二月初三 |
| 35 | 金星村本主庙 | | 敕封本主金天圣母慈惠储祥元君 | 大理市下关镇金星村 | 正月初七、初八 |
| 36 | 南经庄本主庙 | | 护国安邦持灵景帝 | 大理市下关镇刘官厂村委会南经庄自然村 | 正月十五 |

241

续 表

| | | | | | |
|---|---|---|---|---|---|
| 37 | 太一村本主寿宫 | 迟邦圣老人 | 持（迟）邦圣朝护国安邦景帝 | 大理市下关镇太和村委会太一村 | |
| 38 | 太二、太三村本主庙 | 皮逻阁 | | 大理市下关镇太和村委会太二、太三村 | 八月十七日 |
| 39 | 吊草村本主庙 | 观音老祖 | | 大理市下关镇吊草村 | 正月十五 |
| 40 | 山西村本主庙 | 高梅 | 敕封本主赵圣济物灵威感应景帝 | 大理市下关镇天井村委会山西村 | 正月初八 |
| 41 | 西窑村本主庙 | 大黑天神，赵善政 | 惠康皇帝 | 大理市下关镇西窑村 | 正月初八 |
| 42 | 银桥村本主庙 | | 本主西天文武护国安邦爱民景帝 | 大理市银桥镇银桥村 | 正月十三日，八月初八 |
| 43 | 磻曲村本主庙 | | 天宫神灵本主 | 大理市银桥镇磻曲村 | 十二月十六日 |
| 44 | 上北阳西本主庙 | 段宗牓 | 大圣西来护法灵镇五峰建国皇帝 | 大理市银桥镇新邑村委会上北阳西村 | 四月二十三至二十五、八月十五 |
| 45 | 西城尾村本主庙 | 李本章 | 大圣妙权京城青慈圣帝 | 大理市银桥镇新邑村委会西城尾村 | 正月二十二 |
| 46 | 沙栗木庄本主庙 | 傅友德 | 镇南将军颖川侯 | 大理市银桥镇五里桥村委会沙栗木庄 | 六月二十三 |
| 47 | 古主庄本主庙 | 张忠烈 | 南京都督通海将军 | 大理市银桥镇新邑村委会古主庄自然村 | 六月二十一 |
| 48 | 头铺村本主庙 | | 北方都督元帅晋封殖民皇帝 | 大理市银桥镇鹤阳村委会头铺村 | |
| 49 | 阳乡村本主庙 | 水府龙王本主 | | 大理市银桥镇阳乡村 | |

续 表

| | | | | | |
|---|---|---|---|---|---|
| 50 | 上湾桥村本主庙 | 大黑天神 | | 大理市湾桥镇上湾桥村 | 正月十三、十四 |
| 51 | 下湾桥村本主庙 | 大黑天神 | | 大理市湾桥镇下湾桥村 | 正月十三、十四 |
| 52 | 向阳溪村本主庙 | 张铭 | 敕封白男英灵持国景帝 | 大理市湾桥镇向阳溪村 | 八月二十三日 |
| 53 | 向崇村本主庙 | | 大德安邦景帝 | 大理市湾桥镇向崇村 | 正月十七 |
| 54 | 大小林邑村本主庙 | | 育物景帝 | 大理市湾桥镇大小林邑村 | |
| 55 | 甸中村本主庙 | 张小三 | 赤子三爷育物 | 大理市湾桥镇甸中村 | 正月初三 |
| 56 | 内官村本主庙 | 石头本主 | 应祉圣封保邦大王 | 大理市湾桥镇内官村 | 九月十二 |
| 57 | 南庄、上阳溪村本主庙 | 段宗牓,其弟段彝宗 | 大圣西来护法灵镇五峰建国皇帝,也尊称"大圣礼祚皇基清平景帝"道优皇宗清平景帝,也尊称"大圣佑祚皇基清平景帝" | 大理市湾桥镇南庄、上阳溪村 | 四月二十三至二十五、八月十五 |
| 58 | 庆洞神都,也称"建国神宫" | 段宗牓 | 大圣西来护法灵镇五峰建国皇帝 | 大理市喜洲镇庆洞村、久马邑上登、上阳溪、寺上、寺下等村 | 四月二十三至二十五、八月十五 |
| 59 | 中央祠 | 中央皇帝 | | 大理市喜洲镇七邑村 | 正月初三、三月十五、四月十五 |

243

续 表

| | | | | | |
|---|---|---|---|---|---|
| 60 | 下作邑本主庙 | | 敕封西天总镇本主慈民皇帝 | 大理市喜洲镇下作邑 | |
| 61 | 上作邑本主庙 | | 大圣荫民皇帝 | 大理市喜洲镇上作邑 | |
| 62 | 仁里邑本主庙 | 高升泰 | 睿圣文明威灵景帝 | 大理市喜洲镇仁里邑 | |
| 63 | 周城景帝庙,即周城村北本主庙 | | 天南文明新官景帝,又尊称"镇国神灵通天景帝" | 大理市喜洲镇周城村 | 七月十八 |
| 64 | 周城灵帝庙,即周城村南本主庙 | 猎神杜朝选 | 主国清真灵帝 | 大理市喜洲镇周城村 | |
| 65 | 乐和村本主庙 | 段思平 | 神武皇帝本主 | 大理市喜洲镇和乐村、鹤阳村 | 正月十五、二月初八、八月初十 |
| 66 | 古生村本主庙 | 北方天干、洱海龙王、金太娘娘 | | 大理市湾桥镇古生村 | 七月二十三 |
| 67 | 喜洲十隍殿 | | 妙元本主施主景帝 | 大理市喜洲镇各村 | |
| 68 | 文阁村本主庙 | 太阳神阿光 | 镇宁邦家福佑景帝 | 大理市喜洲镇文阁村、三舍邑村 | 九月十五 |

续 表

| | | | | | |
|---|---|---|---|---|---|
| 69 | 九坛神庙 | | 灵镇五峰建国皇帝、鹤阳摩诃金钵加罗大黑天神、宾阳三崇建国鸡足名山皇帝、曩聪独秀应民皇帝、凤岗阊辟乾坤懿慈圣帝、河矣龙五妙感玄机洱河灵帝、邓赕柏洁圣妃神武阿利帝母、桑霖元祖镇子福灵帝、狮子国五一德天心中央皇帝 | 大理市喜洲镇各村 | 四月二十三至二十五 |
| 70 | 三灵庙 | | 大圣元祖重光鼎祚皇帝、大圣圣德兴邦皇帝、大圣子福景灵帝 | 大理市喜洲镇凤阳村 | |
| 71 | 沙村本主庙 | 大黑天神 | 黑男安民护国景帝 | 大理市喜洲镇沙村 | 正月初六 |
| 72 | 金圭寺 | | 辅化景帝 | 大理市喜洲镇金河村委会金圭寺村 | 六月初六 |
| 73 | 荣华村本主庙 | | 大圣西来护法灵镇五峰扶民皇帝 | 大理市喜洲镇庆洞村委会荣华自然村、朝阳自然村 | 腊月十五 |
| 74 | 红山景帝祠 | 王盛、王乐、王乐宽 | 赤男灵昭威光景帝 | 大理市双廊镇各村 | 四月十四至十六日 |

续 表

| 75 | 大建帝村本主庙 | 王盛、王乐、王乐宽 | 赤男灵昭威光景帝 | 大理市双廊镇大建旁村 | 正月初四至初六 |
|---|---|---|---|---|---|
| 76 | 青山本主庙 | 大黑天神 | | 大理市双廊镇青山村 | 正月初四 |
| 77 | 康廊村本主庙 | 高尚义、曹政国、钱岚 | 威灵邦国聪明景帝、灵荫三堂判使景帝、北方天王慈国景帝 | 大理市挖色镇康廊村 | 六月初九、七月十七、八月二十四 |
| 78 | 挖色下本主庙 | 李亚成、焦新爷 | 白男仁政护疆景帝、湖南威光卫国景帝 | 大理市挖色镇挖色、海印村 | 正月初九至十四 |
| 79 | 玄德圣母庙 | 李金莲 | 玄德圣母 | 大理市挖色镇高兴村 | 正月初九至十四 |
| 80 | 沙漠庙 | 李靖、杨干贞、药神孟优 | 大圣本主九天开化应国安邦信时景帝,也尊称"托塔李天王""三龙天子""四大天王阿泉皇帝" | 大理市挖色镇大成村、花椒箐村 | 正月初十至十八 |
| 81 | 小成村及官邑村本主庙 | 李珠将军及其三位副将 | 至道安邦摧奸景帝、正道英男佑民景帝、傕灵胤兆绍化景帝、昌国佑民钟英景帝、护世英男佑民景帝 | 大理市挖色镇小成村、官邑村 | 二月十一至十五 |
| 82 | 小城村本主庙 | | 海神娘娘本主,又尊称"洱河公主" | 大理市挖色镇光邑村委会小城村 | 八月初十 |

续　表

| | | | | | |
|---|---|---|---|---|---|
| 83 | 挖色村本主庙 | 苏灿文 | 玉案宝山潆文景帝 | 大理市挖色镇挖色村 | 正月初八至十三 |
| 84 | 金梭岛本主庙 | 张新泽三兄弟 | 苍洱灵帝三星太子，又尊称"掌朝太子"、"掌兵太子" | 大理市海东镇金梭岛村 | 八月二十三 |
| 85 | 伊阿盖本主庙 | 伊阿盖 | | 大理市海东镇南村、北村、南七场村、大竹园村、水井村、上和村、下和村、石头村 | 农历二月开始，各村不一 |
| 86 | 玉龙村本主庙 | | 牛神、明慈圣母 | 大理市海东镇名庄村委会玉龙村 | 正月初六 |
| 87 | 青帝宫 | | 青男灵胎赤国景帝 | 大理市海东镇向阳村 | |
| 88 | 南显圣帝庙 | 逻晟炎 | 敕封大圣感应南显圣帝 | 大理市凤仪镇乐和村 | 正月十四 |
| 89 | 普和村本主庙 | 龙玉珍 | 敕封本境大圣威灵爱邦圣母 | 大理市凤仪镇华营、普和、班庄村 | 正月初八 |
| 90 | 华营本主庙 | | 敕封本主忠贞大将从戎护国神君 | 大理市凤仪镇华营村 | 正月十二 |
| 91 | 芝华村本主庙 | | 敕封本主威灵有感圣德明帝 | 大理市凤仪镇芝华村 | 正月二十三 |
| 92 | 迎风村本主庙 | 赵康 | 敕封本主元祖建峰福荫景帝 | 大理市凤仪镇迎风村 | 正月二十二 |
| 93 | 小江西村本主庙 | 周良臣 | 敕封本主圆通感应三圣景帝 | 大理市凤仪镇小江西村 | 正月十二 |
| 94 | 南汤天村本主庙 | 字泽润 | 敕封本主泽润生民安境灵帝 | 大理市凤仪镇南汤天村 | 九月初二 |

续 表

| | | | | |
|---|---|---|---|---|
| 95 | 丰乐村本主庙 | | 敕封本主青紫有感普护阴阳慈光伏魔景帝、敕封本主青灵无么执掌乾坤赫濯威风景帝、敕封本主当朝辅国灵安济民威宁显化将军 | 大理市凤仪镇丰乐村 | 正月初八 |
| 96 | 汉邑村本主庙 | | 敕封本境大圣同风昭帝孟子龙王 | 大理市经济开发区晋湖村委会汉邑村 | 八月十五 |
| 97 | 天井村本主庙 | 邓子龙 | 敕封本主邓将军 | 大理市经济开发区天井村 | 正月十二 |
| 98 | 地石曲本主庙 | 段思平的二儿子 | 如意宝珠赤子龙王 | 大理市经济开发区满江村委会地石曲自然村 | 正月十二、八月十二至十三 |
| 99 | 南海将军庙 | 字将军父子 | 囊聪独秀冠众应化景帝 | 大理市经济开发区天井村委会石坪自然村 | 八月二十三日 |
| 100 | 应海庙 | 段赤诚 | 敕封诩运阖辟乾坤 裔慈圣帝 | 大理市经济开发区天井村委会石坪自然村本主庙 | 八月初八 |
| 101 | 大营本主庙 | 韩愈 | 敕封里域土地普施福德正神,又尊称"财郎土地福德政神" | 大理市凤仪镇大营村、新铺、白桥村 | 二月初二至初三,二月十二 |
| 102 | 大江西灵通庙 | 赵元德 | 敕封本主大圣普贤灵通景帝 | 大理市凤仪镇江西村委会大江西村 | 正月十三 |
| 103 | 满江村本主庙 | 杜光庭 | 大圣感应灵昭文帝 | 大理市凤仪镇满江村 | |

续 表

| | | | | | |
|---|---|---|---|---|---|
| 104 | 漏邑村本主庙 | 白石大王 | | 大理市上关镇漏邑村 | 二月初八 |
| 105 | 上沙坪本主庙 | 蓝钟林、蓝钟秀兄弟 | 敕封点苍光明仁圣镇国灵帝,敕封点苍昭国景帝 | 大理市上关镇沙坪村委会上沙坪村 | 正月初十 |
| 106 | 下沙坪本主庙 | 段赤诚 | 敕封青男英灵赤国景帝 | 大理市上关镇沙坪村委会下沙坪村 | 正月初二 |
| 107 | 石岩庙 | 石岩本主吕凯将军 | | 大理市上关镇杜家登村、桥下村、赵家登村、上江尾村、桥上村、孝元等 八村 | 正月初二,各村不一 |
| 108 | 石明月村本主庙 | 月亮龙 | 德镇乾坤感应龙王 | 洱源县炼铁乡石明月村 | 六月二十 |
| 109 | 海口村本主庙 | 新爷太子龙王 | 最灵迈力慈济景帝 | 洱源县茈碧乡海口村、牛街乡五邑村 | 七月二十三 |
| 110 | 三岔河村本主庙 | | 护民景帝 | 洱源县右所镇三岔河村、永安村 | 二月初八、十六 |
| 111 | 西官村本主庙 | | 五灵佑化威显清灵至德景帝 | 洱源县右所镇西官村、中前所村、黄家营村 | 二月初八 |
| 112 | 西湖本主庙 | 白洁夫人,龙王 | 敕封本主当年得道九头龙王 | 洱源县右所镇张家登、清水塘、东登、中登、南登、海塘等村 | 七月初一 |

249

续 表

| 113 | 白洁圣妃庙 | 白洁夫人 | 邓赕国王暨名妃粤慈国母 | 洱源县邓川镇新州村、小江村、三道桥村、三北村、三西村、三南村、古诏村、右所镇银后村、李家营村、高家营村、汪家营村 | 六月二十四各村不一 |
|---|---|---|---|---|---|
| 114 | 上龙门村本主庙 |  | 纯孝真至威灵大帝 | 洱源县玉龙镇上龙门村 |  |
| 115 | 张靖本主庙 | 张靖 |  | 洱源县三营镇白草罗村、青柏枝村、新生邑村、梅城村、高三营村、文上村、土登村、南大坪等18村 | 二月十五日至十八日 |
| 116 | 西山皇帝庙 |  | 神冀宣功西天景帝，又尊称"镇帝乾坤西山皇帝" | 洱源县右所镇左西村、左南村、左北村、三家村、城西村、凤羽乡大村、梅和村、新生邑地村 | 正月初二、八月十五 |
| 117 | 乔后大王庙 | 段二老爷 | 僰子景帝 | 洱源县乔后镇各村 | 七月二十三 |
| 118 | 士登村本主庙 | 隆舜 | 阿嵯耶武宣皇帝 | 洱源县三营镇士登村 | 正月初八 |
| 119 | 小邑村本主庙 | 匡胜皇帝 |  | 洱源县石所镇温水村、小邑村 | 正月初九 |

续　表

| | | | | | |
|---|---|---|---|---|---|
| 120 | 松曲后湖村本主庙 | | 东灵圣王赤灵景帝 | 洱源县右所镇小石桥村、松曲后湖村 | 正月初三 |
| 121 | 东川大庙，也称"东海灵源" | | 东海灵源玗壁天帝、三太子赤男景帝、五太子白男景帝 | 洱源县右所镇松曲村、团山村 | 七月二十三 |
| 122 | 青岩坪村本主庙 | 北方天王 | | 洱源县乔后镇文开村委会红塘村、青岩坪村 | 八月十五 |
| 123 | 建设村本主庙 | | 福应景帝 | 洱源县乔后镇文开村委会温盏村西山乡建设村 | 正月十五 |
| 124 | 大龙潭村本主庙 | 皮逻阁 | 东皇景帝活佛感应天尊，又尊称"阁明王"、"神武王" | 洱源县右所镇三枚村、大龙潭村 | 正月初十，八月十五 |
| 125 | 小南营本主庙 | 隆舜 | 武宣王皇帝 | 洱源县右所镇陈官村委会小南营村 | 七月二十三 |
| 126 | 青岩景帝庙 | 许青景 | 青岩景帝 | 洱源县炼铁乡田心村 | 四月十五 |
| 127 | 石龙村本主庙 | 大黑天神 | | 剑川县沙溪镇石龙村 | 正月十三、十四 |
| 128 | 鳌凤村本主庙 | 大黑天神 | | 剑川县沙溪镇鳌凤村 | 正月十三、十四 |
| 129 | 大麦杜村本主庙 | 白洁夫人 | 邓赕国王暨名妃粤慈国母 | 剑川县沙溪镇大麦杜村 | 六月二十四 |
| 130 | 哲母庙 | 哲母 | 大圣威静边尘卫国圣母 | 剑川县西门外神登村 | |
| 131 | 化龙村本主庙 | | 大圣石摩罗景帝 | 剑川县金华镇龙化龙、喜乐、东风等村 | |

续 表

| | | | | | |
|---|---|---|---|---|---|
| 132 | 宝甸本主庙 | | 大圣三老爷太子景帝 | 剑川县甸南镇上宝甸、下宝甸、甸尾街 | |
| 133 | 白坛神庙 | 大黑天神 | | 剑川县甸南镇回龙村 | 三月十八至十九 |
| 134 | 宝窝村本主庙 | | 水草大王 | 鹤庆县云鹤镇龙马邑、宝窝村 | 二月初六 |
| 135 | 赞陀崛多本主庙 | 赞陀崛多 | | 鹤庆县金墩颖迎邑村、小腰江村、枫木河村、西甸村 | 三月十五 |
| 136 | 天子洞 | 顾富川 | 敕封昭济仁天惠康皇帝 | 鹤庆县辛屯镇逢密、三贝河、大夫屯等13村 | 各村不一 |
| 137 | 灵山老爷庙 | 灵山老爷、雪山太子、雪山娘娘 | 石宝峰顶有感灵应尊神、雪山太子护白景帝 | 鹤庆县48村 | 各村不一 |
| 138 | 东山庙 | 东山老爷 | 风木之神东山老爷安民宣德富境灵帝 | 鹤庆县大水溪、小水溪、南窝、水路铺、石朵河、柳缘河、北窝、罗伟邑、双水潮、大龙溪、中登、波兰河、土官村、上城东和山区炭窑、白脸石、洪家窝、北井村等18个村 | 正月初一开始，各村不一 |
| 139 | 大福地村本主庙 | 三朵神 | 北岳定国安邦景帝，也尊称"北岳大帝" | 鹤庆县辛屯镇大福地村、三合村委会上范排村 | |

续 表

| | | | | | |
|---|---|---|---|---|---|
| 140 | 黑岩赫威庙 | 黑岩赫威 | | 云龙县白石镇云顶村、大壁村、银子长村、得未士村、松登村 | 正月初一 |
| 141 | 白岩天子庙 | 白岩天子 | | 云龙县白石镇云开片村 | 正月十八、正月初三 |
| 142 | 三崇庙 | 王骥 | 三崇建国鸡足佑民景帝 | 云龙县石门镇、漕涧乡、旧州镇各村 | 正月十五至八月十五 |
| 143 | 汤邓村本主庙 | 徐简 | 护国佑民景帝 | 云龙县旧州镇汤邓村 | |
| 144 | 长新本主庙 | 石邦山皇帝 | | 云龙县长新乡各村 | 三月十五 |
| 145 | 上平坡本主庙 | 杜文秀 | 十方大圣点苍本主 | 漾濞县平坡镇上平坡村 | |
| 146 | 安南本主庙 | | 苍天皇帝圣母娘娘 | 漾濞县脉地镇安南村安南、大麦地、银甲、下坝村 | 二月初八 |
| 147 | 登头本主庙 | | 安龙景帝八王天子 | 漾濞县漾江镇安南村委会登头村 | |
| 148 | 石坪本主庙 | | 十方大圣点苍昭明镇国六圣灵帝，又尊称"铁柱将军" | 漾濞县平坡镇石坪村 | |
| 149 | 上邑村本主庙 | | 阿弥景帝 | 漾濞县脉地镇上邑村 | |
| 150 | 皮歹本主庙 | 孟获 | | 漾濞县顺濞镇小村村委会皮歹村 | 正月十五、二月初八和六月二十四日 |
| 151 | 山客店本主庙 | 赵二将军 | | 漾濞县漾江镇金盏村委会山客店村 | 正月十三至十五 |

253

续　表

| | | | | | |
|---|---|---|---|---|---|
| 152 | 金盏本主庙 | "金老爷"罗知府、"银老爷"阿子贤 | | 漾濞县脉地镇金盏村 | 二月初八、六月二十四八月十五 |
| 153 | 小村本主庙 | 孟获 | | 漾濞县顺濞乡小村 | 正月十五、二月初八和八月十五 |
| 154 | 东山庙 | 东山文庙 | 敕封品聪武英膺国文帝护国佑民天尊 | 祥云县东山乡各村 | |
| 155 | 伽蓝土主庙 | 大黑天神 | | 祥云县祥城镇清华洞梨园村 | 正月十三、十四 |
| 156 | 米甸土主庙 | 大黑天神 | | 祥云县米甸镇各村 | 正月十三、十四 |
| 157 | 大波那村伽蓝土主殿 | 伽蓝土主 | | 祥云县刘厂镇大波那村 | 正月十三、十四 |
| 158 | 大波那村北土主庙 | 赵善政 | 惠康皇帝 | 祥云县刘厂镇大波那村 | 二月初八 |
| 159 | 下庄本主庙 | 段仁 | 敕封本主东方行雨权势天将仁慈化补圣德明景帝 | 祥云县下庄镇下庄村 | 正月初九 |
| 160 | 迤江朗村本主庙 | 杨延昭、赵姓始祖 | | 宾川县平川坝迤江朗村 | |
| 161 | 鸡山大王庙 | | 鸡山大王 | 宾川县鸡足山镇沙址、南坡、上南村、中南村、下南村、火把村 | |
| 162 | 宾居大王庙 | 张敬 | 宾居大王 | 宾川县宾居镇各村 | 正月十三 |

续　表

| | | | | | |
|---|---|---|---|---|---|
| 163 | 排营本主庙 | 殷郊 | | 宾川县大营镇排营、西村、甸头、四家、大理卫、凤山村等 | |
| 164 | 赵天子庙 | 赵天子 | | 宾川县大营镇萂村 | 正月十五、七月初九 |
| 165 | 上沧村本主庙 | 洪信 | 本经土产禁暴宣威至德圣帝 | 宾川县鸡足山镇上沧村 | 正月初四至初六 |
| 166 | 鸡足山大王庙 | 鸡足大王 | 九天玄化护法本主应国安邦大王 | 宾川县鸡足山镇各村 | |
| 167 | 鸡足二王庙 | 鸡足二王 | 九天玄化护法本主应国安邦二王 | 宾川县鸡足山镇沙址村 | |
| 168 | 大庄营大王庙，又称"香山庙" | 仁果，龙佑那 | 大庄大王圣德景帝，大庄大王赤灵炎帝 | 弥渡县寅街镇大庄村委会大庄营村 | 二月初八 |
| 169 | 白马庙 | 白马将军 | 唐朝得道景庄皇帝 | 弥渡县红岩镇罗营村委会白马庙村 | |
| 170 | 黑牛土主庙 | 黑牛土主 | | 弥渡县寅街镇新地村 | |
| 171 | 西山庙 | 白牛土主大黑天神 | | 弥渡县寅街镇新地村 | |

## 表 2  大理白族本主庙题壁内容概览

| 题材类别 | 书写内容 |
| --- | --- |
| 祈福纳祥类 | 福禄寿喜、紫气东来、人杰地灵、风调雨顺、国泰民安、出入平安、招财进宝、寿山福海、云涌吉祥、吉祥如意、凤山现瑞、竹报三多、春安、夏泰、秋吉、冬祥。 |
| 教化类 | 以词语或单句形式出现的：<br>天道酬勤、三人行必有我师、行善积德修来世。<br>以对句或篇章形式出现的：<br>莫谓神乎其神，神道不外天道；<br>须知吾面至善，吾心便是佛心。<br>有德有功为神为圣，惟仁惟慈曰佛曰仙。<br>神恩泽四海，人品似青竹。<br>为天地立心，为生民立命，<br>为往圣继绝学，为万世开太平。 |
| 情趣类 | 以词语或单句形式出现的：<br>斜阳胜境、竹影彩月、意在云间、花好月圆、惠风和畅、鸟语花香、万紫千红、春色满园、玉洱银苍、苍洱毓秀、湖光山色、山河壮美、疏雨过苍峰、万点奇观千幅画、苍峰洒墨、云呈奇观、水天一色、松鹤同春、梧烟梅韵、千里烟浓、苍松翠柏会知音、丹鹤展壮心、文献名邦景色优、落笔惊风雨。<br>以对句或篇章形式出现的：<br>将军辉胜地；雅士荟名山。 |

续　表

| | |
|---|---|
| 情趣类 | 松老乾坤朗；风清日月明。<br>花香烟浓似仙境；水秀山清最引人。<br>虚竹幽菊生静气；和风朗月愉天怀。<br>百二山河皆锦绣；千年胜绩尽光辉。<br>林花经雨香犹在；芳草留人意自闲。<br>暮霭显风韵；士雅启画笔。<br>观古今于字内；挫万物于笔端。<br>品在竹之间；格超梅以上。<br>长风破浪会有时，直挂云帆济沧海。<br>松下问童子，言师采药去。<br>明月松间照，清泉石上流。<br>滚滚长江东逝水，浪花淘尽英雄。<br>远上寒山石径斜，白云深处有人家。<br>云霞出海曙，梅柳渡江春。<br>梅花带雪飞琴上；柳色和烟入砚中。<br>大江流日夜；明月照高楼。<br>明月不归沉碧海，苍梧秋色满白云。<br>山清水秀皆成画，映日荷花别样红。<br>九江归路远，万里客程还。<br>萤照古人书，诗云语燕陪。<br>高山深水琴音古，舞邀飞鸿翰墨香。<br>南诏古都圣贤地，玉洱银苍观音阁。 |

资料来源：作者通过田野调查统计得出。

## 表3 大理白族本主庙匾额概览

| 题材类别 | 书写内容 |
| --- | --- |
| 标名类 | 白龙金殿、白王宫苑、僰王宫殿、唐李公之庙、神都、护法神宫、土主庙、中央祠、官圆堂、本主庙。 |
| 颂赞类 | 威震苍洱、振爨兴滇、德贯古今、万世师表、礼让高风、名重僰国、山高水长、源水长流、神其来格、气节千秋、源远流长、英气长流 家国有声、灵震五峰、利国利民、文昌武略、富国裕民、万世师表、 大道悟生、普照阳北、福被南垣、应用厚生、威灵有感、威灵显赫、浩气长存、为国为民、忠国献烈、英烈忠魂。 |
| 恩佑类 | 白那永护、泽惠苍生、佑我赤子、佑我众生、泽被群黎、佑我儿孙、泽惠诚勤、灵应不爽、利泽裕民、富国利民、赐我兴旺、有求必应、护国佑民、佑我家国、心诚则灵、赐我财源、恩周四隅、神光玄妙、神恩普被、佑我子民、恩泽万民、福荫万民、慈皇恩泽、鸿慈普荫、慈惠生民、同邀眷顾、神威远荫、荡恩浩洪、荫庇子孙、有求必应 神光吉应、赫声濯灵、保境降康、消灾祈福、神灵永佑、护佑安康、 慈航普渡、慈结万缘、赐我兴旺、利泽裕民、心诚则灵、赐我财源。 |
| 教化类 | 致富思源、财济善人、教孝作忠、心存忠实。 |
| 祈福纳祥类 | 福我家邦、民裕国泰、太和元气。 |

资料来源：作者通过田野调查统计得出。

## 表4　大理白族本主庙对联概览

| 题材类别 | 书写内容 |
|---|---|
| 赞纪念类 | 德同苍山水；福与洱海长。<br>正气凛然十九峰前称圣帝；神恩浩荡三春景内颂龙王。<br>往昔勋名重僰诏；而今俎豆在龙关。<br>建大碑撰文纪事思本潮源南诏村邑添异彩；<br>让容正主位德誉古今张公既能让国何惜让座。<br>丰功亮节禅位让贤；威灵有赫正直无私。<br>当年尽节沉江洱海千秋堪作证；<br>永世令人敬仰名邦四庶奔来朝。<br>圣德汪洋默扶民安国泰；<br>神恩浩荡显布风调雨顺（圣德汪洋）。<br>名高五百神王护法除魔赫赫威灵垂万古；<br>位尊七二景帝爱民建国巍巍功德懋千秋。<br>视弗见听弗闻体物而不遗神之为德斯盛矣；<br>彰其隐察其微报施毫无爽王者威灵诚赫哉。<br>本在六诏初护法除魔群摧一人有道；<br>主于中秋节诞生显圣长享万寿无疆。<br>启善世人修积德；圣母恩泽如同春（圣寿无疆）。<br>正气贯人寰土主伽蓝施恩济民传万世；<br>明礼崇庙观德配夫人丹心碧血照千秋。<br>寿同苍山永；福共洱海长（祝寿千秋）。<br>七邑人民齐心恢复本主神宇；<br>八方子弟协力共建中央祠门（承先启后）。 |

续 表

| | |
|---|---|
| 颂赞纪念类 | 巍巍帝德普照四方求必应；赫赫功勋位居中央福无疆。<br>昔任南诏功臣良将除奸护国；<br>今膺喜洲中央本主爱民庇善。<br>本慈皇惩恶扬善构建和谐社会；<br>主公道扶正压邪确保众民安康。<br>昔是南诏功臣良将除奸护国；<br>今为作邑慈民本主爱民庇善。<br>作善慈众朝皇德；邑忠民信颂帝恩。<br>逢盛世神人共庆；贺昇平俎豆常香（国泰民安）。<br>神圣相谐德播广宇著春秋财源普济；<br>贤愚法则智察忠奸怀善意以道求需。<br>关帝秉烛读春秋寻故主挂印封金是承夫子德教义节存典范；<br>元帅持鞭行天道戒奸贪施财辨善传扬中华文明神圣共流芳。<br>不息之功符地道；好生之德洽民心。<br>圣母荫蔽衍龙长凤；合村虔祷俎豆烟香。<br>重塑金身盈盈案头香俎豆；本主圣诞济济子民拜堂前。<br>巍巍马耳峰前千秋兆瑞；荡荡阳南水涌百世昌荣。<br>祝圣诞经文句句吟雅韵；贺神恩钟鼓声声振安宁。<br>干群齐心气象吐；本主庙前面貌新（焕然　新）。<br>本座无私持正义；主权有道不偏心。 |

续 表

| | |
|---|---|
| 颂赞纪念类 | 善恶自然判公道；是非到此亦分清。<br>本是为民祈雨泽；主乎斯土享馨香。<br>卫房圣母惠泽生民福臻尧舜日；<br>武济将军威震滇迤星庆盛景天。<br>圣德昭垂降祥济民祝盛世；母寿无疆洪慈扶庶乐安康。 |
| 恩泽神佑类 | 幸逢盛世古寺换新颜；圣恩无疆白乡保平安。<br>山高神有灵牛马发展神恩祐；<br>土沃地生金猪羊膘壮吉运好。<br>积功积德牛马神王保祐；消灾消难村民清吉平安。<br>济天下之财源有求必应；掌万民之祸泽感而遂通。<br>黑虎腾处生意兴隆；金鞭闪时财源茂盛。<br>圣泽垂慈霖雨常洒河东岸；神威默相惠风每向洱西朝。<br>手执金鞭保尔脱贫致富；身骑黑虎祝君越险登高。<br>盛世宏开千金丰盈国课；前程广阔万宝恒足家资。<br>圣母仁慈佑我儿孙成大器；山河秀美名邦世代出英才。<br>猪羊满圈神呵护；牛马遍野赖扶持。<br>万法重新招财元帅；黑虎衍庆金鞭降魔。<br>位镇乾宫利物济民施惠泽；德符坎象兴云致雨慰芸生。 |

261

续　表

| | |
|---|---|
| 恩泽神佑类 | 欣逢改革盛世土主换新颜；圣恩无疆佑杨段子孙安康。<br>圣绩昭明承佛祖点化保百姓人家安泰；<br>古庙显灵托菩萨赐佑寺脚村富贵寿康。<br>通四海之财源普治吉庆；赐万民以福泽永得盈丰。<br>大地更年民安乐；皇恩浩荡佑民昌（保民康宁）。<br>掌天下财源普降吉庆；赐万民福泽永保平安。<br>敬本主心香一柱；保佑我四季平安。<br>荣登大黑天神三头六臂掌宗庙；<br>立保李杨子孙有求必应享太平。<br>大开财源周人世；宏施恩泽济民生。<br>一片婆心保赤子；十分慈爱佑儿童。<br>观世态仍须救苦救难；音善心尚求大慈大悲。<br>通四海之财源普沾吉庆；赐万民以福泽永获盈丰。<br>黑虎钢鞭凛凛神威；黄金元宝谆谆诲导富农工。 |
| 教化类 | 殿宇宏开万代千秋常怀圣德；<br>前程广阔好乘风破浪无愧先贤。<br>尔能正气诚意自然吉人天相；<br>如果逆理悖德必遭恶忧将临（圣德无私）。<br>宝藏遍世间惟在取之有道；神恩普宇宙只憾人心不恒。 |
| 教化类 | 勿以恶小而为之；勿以善小而不为。<br>心头有德前程广；眼底无私后路宽。 |

续表

| | |
|---|---|
| 绘景抒情类 | 登苍峰眺龙王雄姿悠悠琼瑶阁；<br>临古寺览斜阳胜境处处鹦鹉洲。<br>几经风雨熙熙去客且看志士建苍山；<br>数历沧桑攘攘来人独叹将军丧洱海。<br>文明气运参天地；翰墨荣华贵古今。<br>高堂聚紫气；古庙辉丹霞。<br>巍巍乎延苍山脉络聚乾坤正气；<br>琅琅也涌洱海波涛创岁月峥嵘。<br>宜向云中开帝阙；相传殿上布仙霞。<br>雄伟庙宇倚苍山得天独厚；福地阳南临玉洱人杰地灵。<br>龙关晓月鸳浦夕照姹紫嫣红醉洱苍；<br>将军奋节战士捐躯英名正气垂史籍。 |
| 祈福纳祥类 | 天转阳和瑞气缭绕百事顺；普济民生祥光普照万代昌。<br>福星高照吉祥地；好景常临富贵家（五福临门）。<br>伟业腾飞财源广；鸿图大展生意兴。<br>好日子越过越有；美生活添财添福。<br>转过新年行好运；出入平安过贵人（一帆风顺）。<br>吉祥如意福星到；富贵平安好运来。<br>金樽银烛销春日；象管鸾笙护紫云（鸾凤和鸣）。 |
| 祈福纳祥类 | 尧天舜日共庆千春兴旺地；<br>龙光鸾影同歌万福满人间（福满人间）。 |

资料来源：作者通过田野调查统计得出。

# 主要参考书目

1. 周文敏．穿越神灵的村庄［M］．昆明：云南民族出版社，2000年。

2. 云南少数民族社会历史调查资料汇编［M］．昆明：云南人民出版社，1986年。

3. 云南省编辑组、《中国少数民族社会历史调查资料丛刊》修订编辑委员会．白族社会历史调查（全四册）［M］．北京：民族出版社，2009年。

4.《白族简史》编写组．白族简史［M］．北京：民族出版社，2008年。

5. 杨亮才、赵寅松．和谐的社会——中国白族本主文化［M］．哈尔滨：黑龙江人民出版社，2006年。

6. 杨镇圭．白族文化史［M］．昆明：云南民族出版社，2002年。

7. 梁永柱．地域的等级：一个大理村镇的仪式与文化［M］．北京：社会科学文献出版社．2005年。

8. 牛军．云南少数民族宗教文化与审美［M］．北京：中国社会科学出版社，2002年。

9. 张春继．白族民居中的避邪文化研究——以云南剑川西湖周边一镇四村为个案［M］．昆明：云南大学出版社，2009年。

10. 李缵绪，杨应新．白族文化大观［M］．昆明：云南民族出版社，1999年。

11. 寸云激．白族的建筑与文化[M]．昆明：云南人民出版社，2011年。

12. 宾慧中．中国白族传统民居营造技艺[M]．上海：同济大学出版社，2011年。

13. 董建中．白族本主崇拜：银苍玉洱间的神奇信仰[M]．成都：四川文艺出版社，2007年。

14. 孙丹婷．大理白族建筑木雕装饰[M]．昆明：云南大学出版社，2012年。

15. 赵寅松．白族研究百年（全四册）[M]．北京：民族出版社，2008年。

16. 安学斌．非遗视野下的少数民族民间信仰研究—基于云南大理、楚雄白族彝族的调查[M]．北京：中国社会科学出版社，2013年。

17. 陈永发．白族木雕图案[M]．昆明：云南美术出版社，2000年。

18. 杨政业．白族本主文化[M]．昆明：云南人民出版社，2009年。

19. 杨政业．大理丛书·本主篇（上下卷）[M]．昆明：云南民族出版社，2004年。

20. 楼庆西．乡土景观十讲[M]．北京：生活·读书·新知三联书店，2012年。

21. 楼庆西．装饰之道[M]．北京：清华大学出版社，2011年。

22. 楼庆西．美轮美奂：中国建筑装饰艺术[M]．北京：中国建筑工业出版社，2014年。

23. 庄裕光．画栋雕梁：中国古代建筑装饰赏析[M]．北京：机械工业出版社，2013年。

24. 庄裕光. 屋宇霓裳：中国古代建筑装饰图说 [M]. 北京：机械工业出版社，2013年。

25. 翁剑青. 形式与意蕴：中国传统装饰艺术八讲 [M]. 北京：北京大学出版社，2007年。

26. 宋晓国. 中国古建筑吉祥装饰 [M]. 北京：水利水电出版社，2008年。

27. 杜爽. 中国传统建筑装饰 [M]. 北京：化学工业出版社，2014年。

28. 韩昌凯. 中国传统建筑装饰艺术：脊兽 [M]. 北京：中国建筑工业出版社，2012年。

29. 黄汉民. 中国传统建筑装饰艺术：门窗艺术 [M]. 北京：中国建筑工业出版社，2010年。

30. 刘淑婷. 中国传统建筑屋顶装饰艺术 [M]. 北京：机械工业出版社，2008年。

31. 崔鹤亭，崔轩. 中国传统建筑墙、地界面装饰艺术 [M]. 北京：机械工业出版社，2009年。

32. 巩天峰. 神庙戏台装饰艺术研究 [M]. 济南：山东画报出版社，2013年。

33. 朱小平，朱丹. 中国建筑与装饰艺术 [M]. 天津：天津人民美术出版社，2009年。

34. 王振复. 大地上的宇宙—中国建筑文化理念 [M]. 上海：复旦大学出版社，2001年。

35. 段炳昌，赵云芳，董秀团. 多彩凝重的交响乐章—云南民族建筑 [M]. 昆明：云南教育出版社，2000年。

36. 王晓莉. 中国少数民族建筑 [M]. 北京：五洲传播出版社，2007年。

37. 齐学君，王宝东．中国传统建筑梁、柱装饰艺术［M］．北京：机械工业出版社，2010年。

38. 熊明．建筑美学纲要［M］．北京：清华大学出版社，2004年。

39. 侯幼彬．中国建筑美学［M］．北京：中国建筑工业出版社，2009年。

40. 沈福煦．建筑美学［M］．北京：中国建筑工业出版社，2007年。

41. 岳翠贞．华夏宗教艺术图典·宗教建筑［M］．武汉：华中科技大学出版社，2008年。

42. 王谢燕．中国建筑装饰精品读解［M］．北京：机械工业出版社，2008年。

43. 王其钧．中国建筑图解词典［M］．北京：机械工业出版社，2005年。

44. 路玉章．古建筑砖瓦雕塑艺术［M］．北京：中国建筑工业出版社，2002年。

45. 王抗生，段建华．民间石雕［M］．北京：中国轻工业出版社，2005年。

46. 边精一．中国古建筑油漆彩画（第二版）［M］．北京：中国建材工业出版社，2013年。

47. 李允鉌．华夏意匠：中国古典建筑设计原理分析（第二版）［M］．天津：天津大学出版社，2014年。

48. 李敏．华夏园林意匠［M］．北京：中国建筑工业出版社，2008年。

49. 梁思成．图像中国建筑史［M］．北京：生活·读书·新知三联书店，2011年。

50. 梁思成．清式营造则例［M］．北京：清华大学出版社，

2006 年。

51. 梁思成. 中国建筑史 [M]. 天津：百花文艺出版社，2005 年。

52. 萧默. 建筑的意境 [M]. 北京：中华书局，2014 年。

53. 陈志华，李秋香. 中国乡土建筑初探 [M]. 北京：清华大学出版社，2012 年。

54. 薛林平. 中国道教建筑之旅 [M]. 北京：中国建筑工业出版社，2007 年。

55. 路遥. 中国民间信仰研究述评 [M]. 上海：上海人民出版社，2012 年。

56. 李远国，刘仲宇，许尚枢. 道教与民间信仰 [M]. 上海：上海人民出版社，2011 年。

57. 王冬. 族群、社群与乡村聚落营造 [M]. 北京：中国建筑工业出版社，2013 年。

58. 徐潜. 中国古代民间建筑 [M]. 长春：吉林文史出版社，2014 年。

59. 郭焕宇. 中堂传统村落与建筑文化 [M]. 广州：华南理工大学出版社，2016 年。

60. 张良皋. 乡土中国·建筑篇 [M]. 北京：三联书店出版社，2015 年。